Zauberhaftes Rothenburg

Zauberhaftes Rothenburg

Ein literarischer und photographischer Spaziergang

aufgenommen von Helmut Ballis & Willi Pfitzinger

Café

Marie Lind Stoffe

Impressum:

Gesamterstellung:	*BAUER-VERLAG Thalhofen, Tel.: 08345/1601, www.verlag-bauer.de*
	Für zahlreiche Anregungen danken wir Dr. Anja Ballis.
ISBN:	*978-3-941013-97-1*
Layout:	*angelabauer.design, 87665 Mauerstetten, Tel: 08341/7151016*
Druckerei:	*Medienhaus Rotabene, Tel.: 09861/400-0, www.rotabene.de*
	Falls wir Urheber von Texten nicht ausfindig machen konnten, werden diese wegen nachträglicher Rechtsabgeltung um Nachricht gebeten.

Verehrte Leserinnen, verehrte Leser,

in unzähligen Schriften und Publikationen wird über Rothenburg o.d.T. ausführlich berichtet. Wozu noch ein Buch? Diese Frage wird sich manch einer stellen. Wer sich jedoch in die vorgelegten Texte und Bilder vertieft, wird schnell vom Gegenteil überzeugt sein. Dem Autor Helmut Ballis ist es gelungen, eine literarische Lücke zu schließen.

Mit unermüdlichem Fleiß hat er Betrachtungen, Eindrücke und Beschreibungen über unsere weltbekannte Stadt zusammengetragen. Im Wesentlichen von Literaten, Künstlern, Politikern und anderen bedeutenden Persönlichkeiten ihrer Zeit.

Wenn Wassily Kandinsky sich in Rothenburg von einer Zauberkraft von Jahrhundert zu Jahrhundert immer tiefer in die Vergangenheit zurückversetzt fühlte oder Erich Maria Remarque wieder nach Rothenburg fahren und eine Flasche fränkischen Wein dort trinken will, wo er erfahren hat, dass Heimat kein geographischer Begriff ist, sondern ein emotioneller – dann offenbaren sich die tiefen Empfindungen, das Staunen und die Faszination, die Rothenburg o.d.T. auf seine Gäste seit Jahrhunderten ausübt.

Mit der thematisch klaren Gliederung, illustriert durch beeindruckende Bilder von Willi Pfitzinger, ist ein in jeder Hinsicht eindrucksvolles Werk entstanden.

Walter Hartl
Oberbürgermeister

Stadt Rothenburg
ob der Tauber

PROLOG

Armin Knab

Was muß Rothenburg sein, daß es so entzückt

(1914)

Von 1913 bis 1926 lebte Armin Knab in Rothenburg. Im Sommer 1914 bekennt er:

Rothenburg ist seit Jahr und Tag meine Heimat. Ich beneide manchmal die Fremden, die die Stadt zum ersten Male sehen. Wenn Freunde mich besuchen, verwöhnt durch Italiens Herrlichkeiten, merke ich wieder, was Rothenburg sein muß, daß es so entzückt. Der Einheimische sieht das nur manchmal noch und kühleren Herzens. Und doch kann es gelingen, etwas Gewohntes plötzlich neu zu erleben.

Das Gewohnte neu erleben, das widerfährt Armin Knab ein paar Tage vor dem Ausbruch des Ersten Weltkriegs. Als er von einer Wanderfahrt ins württembergische Franken zurückkehrt, notiert er:

Der Wagen rollte die Kobolzeller Steige hinan; Zweige schlugen ans Fenster, die ‚Burg' trat mächtig aus der Dämmerung, hohe Mauerwände drehten sich um uns, wir fuhren durch Tore - Türme ragen - an Renaissanceprunkhäusern vorbei, plötzlich das Rathaus in wuchtender Größe. Mir ging's wie Mörike: ‚Ich bin trunken irrgeführt', so war mir Rothenburg seltsam neu und verzaubert. Traumverwirrt und traumbeglückt kam ich heim…

Fränkische Lebensbilder, Band 5, Schöningh Verlag, Würzburg 1973, S. 298 - 299.

Ein erster Blick auf Rothenburg

Arthur Wasse (1854-1930), der von Rothenburg romantische Bilder malte, wohnte hier beim Klingentor.

Vorweg zu wunderbaren Worten und bezaubernden Bildern

Viele beschreiben und bewundern seit rund fünf Jahrhunderten die Stadt Rothenburg: Schriftsteller und Dichter, Maler und Musiker, Nobelpreisträger und Heimatdichter, Historiker und Kunsthistoriker, Juristen und Theologen, Architekten und Ärzte, Bäcker und Pädagogen, Philologen und Philosophen, Lexikographen und Topographen, Inländer und Ausländer.

Die Autoren leben mehrheitlich im 19. und 20. Jahrhundert. Besonders erfreulich ist, dass sich in den letzten Jahrzehnten vermehrt Frauen zu Wort melden. So aufschlussreich all die abgedruckten Texte auch sind - die Verfasser faszinieren nicht minder. Darum wird meist mit biographischen Angaben begonnen. Diese sind dann knapp gehalten, wenn lange Passagen folgen. Manchen Autoren geht richtig das Herz bei der Tauberstadt auf, so dass sie öfter zur Feder greifen.

Weil so viele und vielfältige Beschreibungen sich anbieten, werden allzu umfangreiche gekürzt. Denn das soll die Regel sein: Einem Thema ist eine Seite gewidmet. Davon soll selten abgewichen werden.

Eingeklammert steht hinter jeder Überschrift eine Jahreszahl. Zu diesem Zeitpunkt hat der Autor seinen Artikel verfasst. Konnte die Erstveröffentlichung nicht ausfindig gemacht werden, wird das Jahr vermerkt, in dem der Text erneut publiziert wurde.

Die Beiträge aus vergangenen Jahrhunderten geben die originale Rechtschreibung des Verfassers wieder.

Die Textseite wird oft ergänzt durch eine Bildseite. Die Fotos illustrieren die Zeilen nicht nur, sie lassen das Alte und Gewohnte neu sehen und erleben. Und sie laden ein, das Motiv in der Stadt zu suchen und zu erkunden.

Ankunft - ein erster Blick auf die Silhouette

Matthäus Merian
*22.9.1593 in Basel
†19.6.1650 in Langenschwalbach bei Wiesbaden
Merian erlernt den Beruf des Kupferstechers. Nach seiner Ausbildung reist er nach Straßburg, Nancy, Paris und in mehrere niederländische Städte. In Frankfurt a. M. lässt er sich 1624 nieder und übernimmt die Kunsthandlung und den Verlag seines Schwiegervaters Johann Theodor de Bry. Hier erscheinen vom Jahr 1642 an 1486 Kupferstiche mit 2142 Einzelansichten verschiedener Städte. Diese „Topographia" zählt zu den größten Verlagswerken der damaligen Zeit. Die perspektivisch hervorragenden Stadtansichten haben einen hohen kulturgeschichtlichen Wert.
Matthäus Merian zeigt Rothenburgs Stadtansicht von Westen her. Dabei stützt er sich auf einen Stich von Hans Meichsner. An Merians Kupferstich wird offensichtlich, warum Rothenburg so gerne das „Fränkische Jerusalem" genannt wird.

Diese Stadt ist sonsten sehr lustig (1648)

Es hat aber die Stadt Rotenburg den Namen nicht von den rothen Ziegeln, oder Schilten, dann sonnsten andere Städt auch also müßten genennet werden, sondern von den dreyen Burgen, die der Enden, als eine die Engelburg jenseit der Tauber auff dem Berg, die ander auff dem Berg hinter dem Spital, der Essigkrug genannt, und die Mittelste vor der Stadt, die rote Burg genannt, gestanden. Und weil diß Castell oder Burg, mit der Stadt umfangen, hat dahero auch die Stadt den Namen (und ohne zweiffel, auch abgedachtes Wappen) bekommen und behalten: Also, dass sie, neben Lützelburg, Magdeburg und Altenburg unter die vier Burgen deß Röm. Reichs gezehlet werden. Diese Stadt ist sonnten sehr lustig, hat ein gesunden und temperierten Lufft und ligt auff einer Seiten gegen Niedergang, da die Burg gestanden, sehr hoch auff einem Berg, darunter im Thal das Wasser, die Tauber genannt, gegen Mitternacht fleußt und zur Wertheim in den Mayn kommt. Auff der andern Seiten, gegen Aufgang, hat es ein schön ebenes Baufeld, und ist, von den Gnaden Gottes, der Boden umb die Stadt ganz fruchtbar, der Wein, Getraid, Obs, und dergleichen, reichlich gibt, daß man selten der Stadt Getraid zuführen dörffen, sondern sie noch andern hat mitteilen können.

Matthäus Merian, Franken, 1648, S. 86.

Jonas Ludwig von Hess
*8.4.1756 in Stralsund
†20.2.1823 in Hamburg
Von Hess ist Literat und Topograph, Politiker und Patriot, Arzt und Philosoph. Als junger Mann bringt er es bis zum Leutnant in der schwedischen Armee. Um 1780 zieht er nach Hamburg und erwirbt das Bürgerrecht. Eifrig studiert er Literatur, Sprachen und Naturwissenschaft. So begibt er sich gut gerüstet auf Reisen. Land und Leute will er kennenlernen in Deutschland, Frankreich und in den Niederlanden. Was er erlebt und erkennt, veröffentlicht er von 1789 bis 1797 in „Durchflüge", einem vielbändigen Werk.

Die gefallsüchtigste Schöne (1797)

Die freie Reichsstadt Rothenburg liegt auf einer starken Felshöhe, an oder vielmehr über der Tauber; welche hohe Lage durch das Wörtlein ob, das ihrem Namen gewöhnlich beigesetzt wird, angedeutet werden soll. Der rasche Fluß schießt pfeilschnelle durch ein tiefes, sich durch die Stadt krümmendes Tal, der Taubergrund genannt. Die beiden, mehrentheils schroffen Wände dieses Tals bilden ein Amphitheater, das Natur und Menschen mit liebenden Händen ausgeschmückt haben. Die gefallsüchtigste Schöne kann sich nicht geschmackvoller ausputzen als dieses reizende Tal, das in seinem, von der Natur reich gestickten Gewande, mit holdem, lachendem Antlitz daliegt. Der Weinstock grünt hier vom tiefen Ufer des Flusses bis zur höchsten Spitze des Berges. Zwischen-

durch blicken Landhäuser, Gärten, Hecken, die Hütte des Winzers hervor und bilden eine unbeschreiblich reiche und schön verschmolzene Masse. Nichts übertrifft den Blick, wenn dieses lachende Vorgebirge mit seiner pflanzenreichen Vertiefung an einem heiteren Morgen aus seiner Nebelhülle hervortritt; die ersten Sonnenstrahlen auf die übergrünten Höhen einen matten Glanz werfen, die dunklen Aussichten unvermerkt immer heller werden und die Überschattungen der Nacht in immer weiterer Ferne verschwinden. Je dunkler die Nacht, desto wirksamer steigt alles hervor. So ein Anblick treibt unsere Einbildungskraft in die Irre, unser Anstaunen wächst zu einer riesenhaften Größe und wir fühlen uns von den Wirklichkeiten der schönen Natur wie in einem süßen Schlummer von Traumgestalten hin und her gewiegt.
Rothenburg hat breite, gut gepflasterte Gassen, und mitunter moderne, bequeme Häuser. Das Rathaus ist groß und weitläufig, von neuer Bauart, mit Balkon und Säulen verziert und prangt nicht wenig. Die Stadt hat drei Hauptkirchen, einige Nebenkirchen und Kapellen, die größtenteils nicht gebraucht werden, und keine besondern Merkwürdigkeiten enthalten als den Altar in der Jakobskirche, der die Einsegnung des Abendmahls vorstellt.

FRANKEN in alten Ansichten und Schilderungen, Hrsg. Hanns Hubert Hofmann und Günther Schuhmann, Jan Thorbecke Verlag, Konstanz-Lindau-Stuttgart 1967, S. 290.

August Graf von Platen
*24.10.1796 in Ansbach
†5.12.1835 in Syrakus
Mit nicht ganz zehn Jahren kommt von Platen ins Münchner Kadettenhaus. Dort wird er Kadett, dann Page, schließlich Leutnant. In den Jahren 1814/15 nimmt er am Feldzug gegen Napoleon teil. 1818 lässt er sich vom Militärdienst beurlauben und studiert in Würzburg Jura, Philosophie und Naturwissenschaft. Später, in Erlangen, widmet er sich sieben Jahre lang nur noch philosophischen und philologischen Studien. Aus seiner Feder stammen zahlreiche Dramen und Epen und seine Sonette zählen zu den schönsten der deutschen Sprache. Von 1813 bis zu seinem Tod führt er akribisch Tagebuch. Schon 1824 zieht es ihn nach Italien und zwei Jahre später lässt er sich für immer dort nieder. Die Kulturlandschaft des Südens wird sein kunstgeschichtlicher Maßstab, an dem er auch Rothenburg misst.

Ein Herkulanum aus dem Mittelalter (1822)

Im Fünfundzwanzigsten verließ ich Mergentheim. Der Weg nach Rothenburg ist im Anfange schön und abwechselnd, zwischen anmutigen Weinbergen. Die Lage von Weikersheim, so wie man es von der hölzernen bedeckten Brücke übersieht, ist sehr freundlich. Das Schloß, die Gärten, die Weinberge, die Tauber, die sich still durch sie hin schlängelt, laden zu einem längeren Sommeraufenthalte ein. Bei Laudenbach verläßt man das Tauber thal und geht über die Berge, wo sich jedoch manchmal schöne Eichenwälder und anderes Interessante darbieten. Die Lage von Rothenburg, das auf seiner Höhe von reizenden kleinen Thälern umgeben ist, wird durch das Innere der Stadt selbst verkümmert, die, als alte Reichsstadt, mit ungemein hohen Mauern umgeben, durch weitläufige Thorwerke verrammelt, keine Aussicht nach den Umgebungen gewährt. Im Innern zeigt sich zwar ehemaliger Wohlstand, einige herrliche Gebäude, zum Beispiel die Domkirche, dabei bei der Größe und Weitläuftigkeit der Stadt ein unausstehliches Pflaster und eine solche Leerheit in den Gassen, dass man in einem ausgestorbenen Herkulanum aus dem Mittelalter herumzuwandeln glauben möchte. Den anderen Morgen fuhr ich mit einem Professor von dort hierher, wo ich mich nun im elterlichen Hause befinde und auch mit Merck schon ein paar Spaziergänge gemacht habe…

*Tagebuch, 29. Juni 1822, Ansbach
Die Tagebücher des Grafen, des Dichters, Hrsg. Georg von Laubmann und Ludwig von Scheffler, Georg Olms Verlag, Hildesheim New York 1969, S. 537.*

Im ersten Morgenlicht

Georg Dehio
*22.11.1850 in Reval
†19.3.1932 in Tübingen
Dehio studiert zuerst Geschichte, wechselt aber dann zur Kunstgeschichte und wirkt als Hochschullehrer in Königsberg und Straßburg. Sein programmatischer Wahlspruch lautet: „Konservieren, nicht Restaurieren." Die bauliche Veränderung oder Erweiterung alter Baudenkmäler lehnt er ab. Wird alten Kunstwerken dennoch Neues hinzugefügt, so muss es äußerlich erkennbar sein. Diese Handlungsweise bestimmt auch heute noch die Denkmalpflege.

Eine Art Robinsonstadt (1874)

Nähert man sich von der Seite der Frankenhöhe, so bemerkt man die Stadt erst, wenn man dicht vor ihr steht. Stattlich steigen da über dem Graben Wälle, Mauern und Türme auf, kein Stein hat sich aus den Fugen gelöst, selbst ein paar alte, vergessene Feldschlangen dräuen noch aus der Bastei hervor; aber kein Wächter stößt ins Horn, kein Torschreiber visitiert und inquiriert uns mit mißtrauischem Spürblick, kein Bote des Rates bringt uns, nachdem wir als distinguierte Fremde erkannt sind, den schuldigen Willkommtrunk entgegen. Alles bleibt totenstill, und wir winden uns unangerufen durch den fast schreckhaften Apparat von Zugbrücken, Fallgattern und Schießscharten durch. Das ist doch noch eine Festung, die einem Respekt einflößt! ... Um so friedlicher macht sich die erste Straße: das Pflaster ist schwerlich erneuert, seit die Kanonen Tillys darübergerasselt sind, gefärbte Tücher hängen zum Trocknen aus den Fenstern heraus, und die Öllampen schaukeln harmlos am langen Seile über die Straße: das Aufklärungs- und Gaslicht des 19. Jahrhunderts ist in Rothenburg noch nicht aufgegangen. Im Vorübergehen wird hie und da ein Blick in einen jener Höfe geworfen, die mit ihrem 3- oder 4fachen Galerienaufbau, ihrem von Regen und Sonnenschein mancher Jahrhunderte köstlich rotbraun gebeizten Holzwerk, ihrem unergründlich tiefen Schatten, ihrem Schmutz und Gerümpel das Entzücken jedes malerisch gebildeten Augen sind, eine Schatzgrube, die seit einigen Jahren auch stark ausgebeutet wird. Nun biegen wir um die Ecke: am oberen Ende des geräumigen, leicht ansteigenden Marktplatzes erhebt sich groß, reich und prächtig das Rathaus, das stolze Wahrzeichen stolzen Bürgersinnes, ein Gemeindehaus, wie es sich selten eine deutsche Stadt umfangreicher, keine glänzender und geschmackvoller errichtet hat. Man ist erstaunt, wie ein so großes Stadthaus in eine so kleine Stadt kommt, denn die Straße abwärts bezeichnet eine vieltürmige Toranlage schon wieder das andere Ende derselben. Wir treten auf die von herrlichen Linden umsäumte Bastion hinaus, die Stätte, wo einst die Burg der hohenstaufischen Herzöge von Rothenburg stand - und welch ein Anblick tief unten das enge, grüne Taubertal, klappernde Mühlen, ein graues Kirchlein, eine mächtige vielbogige Brücke, drüben auf dem hohen Talrande die lange Linie der Stadtmauer, dicht mit Türmen wie mit einer Reihe gewappneter Kämpen besetzt, dahinter das bunte Gewirr der Giebeldächer und Schornsteine - ich verstand, wie die Alten ihr Rothenburg stolz mit Jerusalem, der hochgebauten, vergleichen konnten....
R. ist schon lange nicht mehr die schwunghafte Handelsstadt, es ist eigentlich überhaupt keine Stadt mehr, denn die Mehrzahl lebt ... von der Landwirtschaft und ländlichen Gewerben. Vor Zeiten ging hier die große Heerstraße durch, welche von Augsburg her die Waren der Levante und Venedigs nach Würzburg und den Main abwärts an den Rhein führte, - heute rauschen die Eisenbahnen rechts und links vorüber, aber keine berührt es: Rothenburg ist eine Art Robinsonstadt geworden.... Der Wohlstand der Rothenburger ist stark heruntergekommen, aber daraus folgt noch nicht, daß Rothenburg ein heruntergekommenes Ansehen hätte. Die Gemeinde nämlich besitzt noch aus besseren Zeiten her ein beträchtliches Vermögen (es ist z.B. größer als das Münchens), und was noch auffallender ist, sie verwendet es mit nicht genug zu rühmendem, weil sehr seltenem Eifer und Verstand auf die Erhaltung der Denkmäler ihrer einstigen Herrlichkeit. Daher kommt es, dass ... seit dem 30jährigen Krieg vielleicht kein neues Haus mehr gebaut worden ist....
Wie eine große Burg liegt die Stadt da, die Festungswerke seit dreihundert Jahren unverändert bis auf den letzten Stein, wehrhaft und trutzig, als gedächte sie noch heute ein Landsknechtheer mit blutigen Köpfen heimzuschicken.

Georg Dehio, Rothenburg ob der Tauber, Buchdruckerei C.W. Niemeyer, Hameln 1874, S. 6 - 14.

Hermann Uhde-Bernays
*31.10.1875 in Weimar
†7.6.1965 in Starnberg
Hermann Uhde verliert mit vier Jahren seinen Vater. Sein Stiefvater Michael Bernays weckt in ihm mit Shakespeares Werken das Interesse für Literatur und Kunst. Dies beeindruckt ihn so nachhaltig, dass er sich später für ein Studium der Literatur und Kunst entscheidet. Er promoviert und ist zunächst als Assistent im Germanischen Nationalmuseum in Nürnberg tätig. Nach Beendigung dieser Tätigkeit unternimmt er Studienreisen, dabei besucht er auch öfter Rothenburg, wie seine Essays belegen. Carlheinz Gräter rühmt ihn als den „zweiten großen Cicerone Rothenburgs" nach Wilhelm Heinrich Riehl.

Als lustiges Malervolk einzog (1910)

Wie erst in der letzten Zeit nur wenige Häuser außerhalb der Stadtmauer gebaut worden sind, deren Vollendung schon Kaiser Albrecht geschaut hat, wie das königlich-bayerische Rentamt Rothenburg heute Steuerlisten aufstellt, die von denen vor hundert Jahren sich fast gar nicht unterscheiden, so ist auch der prachtvolle Typus des guten alten Rothenburgers nicht ausgestorben, der staunenden Gesichts, das gestickte Mützlein auf dem weißen Haupt, aus seinen Butzenscheiben verwundert nach dem vorbeigehenden Fremden schaut, und bis an sein Lebensende die gleiche runde Zahl Schöpplein Tauberweins trinkt, um zufrieden, nur mit einer leisen Verwünschung auf Eisenbahn und Markwährung, sich zur letzten Ruhe zu legen.

Wie mag es diesen alten Rothenburgern, die damals vergnüglich ihrer Manneskraft sich freuten, zumute gewesen sein, als etwa um die gleiche Zeit der Gründung des neuen Reiches ihr Städtlein berühmt wurde! Als erst lustiges Malervolk einzog, mit leichtem Gepäck und leichtem Geldbeutel, sich da und dort einnistete in den alten Erkern und Türmen und überall da herumsaß und eifrig drauflos malte, wo es der einfältige Bürgerverstand nie und nimmer geglaubt hätte. Das waren die Jünger Meister Schwinds, die stürmisch die akademische Tradition und den steifen Kothurn der strengen Münchner Lehrer zur Türe hinausgeworfen hatten und nun ausgeschwärmt waren, ihre künstlerischen Ideale angesichts einer das Gegenteil der heroischen Landschaft bedeutenden friedlich-anmutigen Natur zu suchen und zu verwirklichen. Die windenumwachsenen kleinen Häuser im Taubergrund, die jungen Pappeln neben der alten Mühle zogen sie an. Aber es war nicht das rein Malerische dieser Natur, sondern es war noch die erfreuliche Möglichkeit, sie als gefällige Staffage zu verwenden, was den Ausschlag gab. Die Zeit der Gartenlaube, der Marlittschen Romane brauchte süße Stimmungsbilder. Das Genremäßige, zu dem die gekreuzten Giebeldächer, die düsteren Mauerhallen, die efeuberankten Wachttürme, die ungepflegt verwilderten Gärten sich ausnutzen ließen, um einem Ständchen oder einem nächtlichen Überfall als meinigerhaft echte Kulisse zu dienen, hat seinerzeit die begeisterte Vorliebe der deutschen Künstler für Rothenburg entstehen lassen.

Der schon genannte Verein „Alt-Rothenburg" hat bei einzelnen Bauten, die in bedrohlicher Weise die schönsten Teile der Stadt durch einen modernen Stil gefährdeten, sein Veto eingelegt. Aber leider konnte es auch seiner fürsorglichen Fürsprache nicht gelingen, da und dort bauliche Mißgriffe zu verhindern. Gewiß sind einzelne Bauwerke von großer Schönheit rettungslos dem Untergang verfallen wie so mancher verwitterte Palast Venedigs, dessen Zusammenbrechen Byron ahnend besungen hat. Ängstlich schaut das Auge auf zu einem mühsam durch eiserne Haken gestützten altersschwachen Bogen, zu einem nur durch die Güte des Nachbarhauses gehaltenen Giebel. Es betrachtet die Risse und Senkungen in den Mauern, das Fehlen der Ziegel und Schindeln auf manchem Dache. Dennoch möge Rothenburgs Zukunft dem Los des uns glücklich in alter Schönheit geretteten Heidelberger Schlosses gleichen! Möge keine verwegene Hand in lächerlichem Erhaltungstrieb an die verwitterten Bauten der Stadt greifen! Und wenn die Stunde schlägt, besser ehrenvoller Untergang als unkünstlerische, unwahre Halbheit.

Carlheinz Gräter, Anmutige Tochter des Mains, Verlag Fränkische Nachrichten, Tauberbischofsheim 1986, S. 80 - 81.

Durch Butzenscheiben von St. Jakob zum Rathaus hin

Durch Butzenscheiben vom Burgtorturm

Wassily Kandinsky
*4.12.1866 in Moskau
†15.12.1944 in Neuilly-sur-Seine
In Moskau studiert Kandinsky Rechtswissenschaft und Volkswirtschaft. Erst als er 1896 nach München kommt, wendet er sich der Malerei zu. Seine Lehrer sind Anton Azbe und Franz Stuck. Er wird Mitbegründer der Künstlervereinigungen „Phalanx" und „Blauer Reiter". Kandinsky will die Malerei vom „Zwang der Gegenständlichkeit" befreien. Dabei inspiriert ihn die Musik Richard Wagners und Arnold Schönbergs. Klänge und Akkorde setzt Kandinsky in Farbharmonie um. Auch als Kunsttheoretiker macht er sich einen Namen. Er gehört zu den bedeutendsten Künstlern des 20. Jahrhunderts.
In Rothenburg hält er sich 1901 und 1902 auf. Das Bild „Ummauerte Stadt in Herbstlandschaft" zeigt Rothenburgs Silhouette von Westen. Im Vordergrund sind die Engelsburg, die Alte Burg und die Stadtmauer zu erkennen. Den Hintergrund bilden die blauen Hügel der Frankenhöhe.

Von einer Zauberkraft in die Vergangenheit zurückversetzt (1913)

Einem guten Rate folgend, besuchte ich Rothenburg ob der Tauber - es war eine unwirkliche Reise. Ich fühlte mich so, als ob eine Zauberkraft mich allen Naturgesetzen zuwider von Jahrhundert zu Jahrhundert immer tiefer in die Vergangenheit zurückversetzt hätte.

Manfred Balbach, Rothenburg ob der Tauber, Die Stadt in alten Ansichten, Josef Keller Verlag 1989, S. 32.

Rückblick des Malers Ernst Unbehauen (1974)

Unbehauen nennt den Beginn des zwanzigsten Jahrhunderts eine „glückliche Epoche" für die Kunstgeschichte Rothenburgs. 34 nationale und internationale Künstler, die die Tauberstadt besuchen, führt er namentlich auf. Ausführlicher widmet er sich seinem russischen Kollegen, der mit Gabriele Münter im „Ratskeller" in der Herrngasse wohnt.

Daß auch Wassily Kandinsky 1902 in Rothenburg malte, wurde damals kaum beachtet. Und doch ist sein Erscheinen in der alten Stadt eine Besonderheit und ein Fanal zugleich, denn erstmals erschien hier ein sogenannter „Moderner". Seine auf das Abstrakte gerichteten Bestrebungen sind zwar in dem „Bild einer alten Stadt" nur andeutungsweise zu erkennen, aber Auffassung und Malweise ragen weit über das Maß hinaus, obwohl auch bei ihm der zeitbedingte Einfluß des neuen Stils, der „art nouveau", festzustellen ist.

Im Zusammenhang mit Kandinsky muß auch der Amerikanerin Hilla Rebay von Ehrenwiesen gedacht werden, sie war Direktor des Museums für Non-Objective-Painting in New York und Kurator und Trustee der Solomon R. Guggenheim Foundation. Sie schrieb die ersten großen Werke über Kandinsky und fotografierte den „Ratskeller" im Herrnmarkt, in dem Kandinsky während seines Rothenburg-Aufenthalts wohnte.

Reichsstadtjubiläum 1274-1974 Rothenburg o.d.T., Schneidersche Buchdruckerei, Verlag Fränkischer Anzeiger 1974, Spalte 129.

Die Zauberkraft von Röderbogen und Markusturm

Theodor Heuss
*31.1.1884 in Brackenheim
†12.12.1963 in Stuttgart
Der junge Heuss verbringt die prägenden Jahre in Berlin. Dort wird der nationalliberale Pastor Friedrich Naumann sein Mentor. Heuss übernimmt die Redaktion der Zeitschrift „Die Hilfe". Von 1920 bis zu Hitlers Machtübernahme 1933 hat Heuss eine Dozentur für Politik an der Hochschule inne. Zweimal wird er als Abgeordneter in den Deutschen Reichstag gewählt. Er lehnt die Nationalsozialisten entschieden ab. 1933 werden seine Bücher verbrannt. Heuss zieht sich ins Schwäbische zurück. Fortan beschäftigen ihn Kunst, Philosophie und Soziologie, Geschichte und Politik. Nach dem Zweiten Weltkrieg wird er Mitbegründer der FDP, bald ihr Erster Vorsitzender. Als Mitglied des Parlamentarischen Rates wirkt er an der Erarbeitung des Grundgesetzes mit. 1949 wählt ihn die Bundesversammlung zum ersten Bundespräsidenten. Fünf Jahre später schließt sich eine zweite Amtsperiode an.

Eine unvergessliche Großartigkeit (1916)

Über den Weg von Ellwangen nach Dinkelsbühl schreibt Theodor Heuss:

Die Gegend hat eine leise Wehmut. Wald wechselt mit Ackerland, wenig Dörfer, ein paar Höfe und alte Mühlen, ganz glatte graue Seen liegen verstreut, in denen sich rasche Taucher tummeln. Die Bauern kommen zum Kirchgang. In behaglichen Stunden windet sich das Sträßlein auf und nieder - dann, von einem Höhenzug, blickt man überraschend auf das nahe Dinkelsbühl, das in einer weiten braunen Ebene liegt.
Die Stadt ist von unendlichem Reiz. Sie streitet sich mit Rothenburg um den Preis der Schönheit, man kann die beiden aber schlecht vergleichen, denn, Gewächse derselben Zeit und Gesinnung, sind sie durch die Natur Gegensätze geworden. Die Tauberstadt ist die beherrschende Bergfestung, und dadurch hat nicht nur ihre Silhouette jene unvergeßliche Großartigkeit erhalten, auch im gedrängten Bau der Innenstadt sind die dramatischen Momente, wenn man so sagen darf, stärker herausgebildet, die Kirchen sind in der Ausstattung reicher, das Holzfachwerk nicht mit Mörtel überschmiert - aber Dinkelsbühl ist der vollkommene Typ der Stadtbefestigung der Ebene -, die Straßen sind breiter gestaltet, der tiefe Wassergraben umzieht die ganze Stadt, und ungebrochen in köstlicher Folge der Perspektive stehen noch die zahllosen Türme, an deren Fluß sich jetzt ein idyllisches Kleingartenleben angesiedelt hat.

Theodor Heuss, Von Ort zu Ort, Wanderungen mit Stift und Feder, Hrsg. Friedrich Kaufmann und Hermann Leins, Rainer Wunderlich Verlag, Tübingen 9. Auflage 1966, S. 62 - 63.

Theodor Heuss und der Meistertrunk

Bei einem Empfang zu Ehren von Theodor Heuss, damals noch Bundespräsident, wurde diesem auch das randvolle Trinkgefäß des Bürgermeisters Nusch zum Zwecke einer gefälligen Nachahmung des Meistertrunks kredenzt. Heuss, einem guten Schluck durchaus gewogen, betrachtete abschätzend den mit dreizehn bayerischen Schoppen, also dreieinviertel Liter, gefüllten Humpen und erklärte dann lächelnd:

Aber, meine Herren, das ist keine Frage des Durstes, sondern eine Frage der Kanalisation.

Merianheft Rothenburg, Hoffmann und Campe Verlag, Hamburg 1963, S. 49.

Von St. Jakob zum Staudtschen Haus in der Herrngasse

Die Stadt mit Kappenzipfel, Doppelbrücke und „Riviera"

Kasimir Edschmid
*5.10.1890 in Darmstadt
†31.8.1966 in Vulpera (Engadin)
Edschmid gilt als Vorkämpfer des literarischen Expressionismus. Er schreibt den ersten deutschen Sportroman. Virtuos schildert er das Leben von Lord Byron, Georg Büchner und Simon Bolivar. Obgleich politisch national gesinnt, werden dennoch 1933 einige seiner Werke verbrannt. Zudem erhält er Rede- und Rundfunkverbot, zeitweise sogar Schreibverbot. Seine Reiseschilderungen nehmen einen Großteil seines literarischen Schaffens ein.

Deutsche Traumstadt (1963)

Die Städte Rothenburg, Dinkelsbühl und das Hochstift Bamberg gleichen den drei merkwürdigsten Träumen, die ein deutscher Mensch träumen kann...
Vielleicht die sinnvollste Verkörperung solcher Träume ist das Bild der Stadt Rothenburg, zumal auf dem Hintergrund dieses Bildes sich ein See von Blut und Barbarei befindet.
Die Silhouette Rothenburgs hebt sich wie in Holz geschnitten gegen den Abend, wenn der Zuschauer die Stadt von ferne sieht. Hier ist das Mittelalter wahrhaftig auch optisch stehengeblieben, unverändert wie an kaum einem anderen Ort. Sänke der Zeiger der Geschichte um ein paar Jahrhunderte zurück, wäre wahrscheinlich selbst das Hundegebell von Rothenburg noch dasselbe wie früher.
Die Mauern Rothenburgs schwingen immer noch mit Gesetzeskraft um die Stadt, von dreiunddreißig enormen Türmen und Toren unterbrochen, ein System von Klammern, die das wuchernde Fleisch der Stadt zurückhielten und die Säfte stets in das Innere zurückwarfen.
Die Dächer der Häuser schieben sich in der Dämmerung zusammen. Darüber erhebt sich eine Legion von Zinnen und Türmen mit spitzen Hauben. Der zarte Rathausturm schwebt über diese Ansammlung in die Höhe wie ein Geigenton. Und der Mond hängt dazu noch in einer dünnen, schwelend roten Sichel ganz tief über den Bastionen.
Rothenburg ist historisch nicht so romantisch wie seine Silhouette und auch nicht so gewaltig, wie seine Bauten vermuten lassen. Die Stimme Rothenburgs hat nie

gegrollt wie diejenige Bambergs, vor der selbst Rom erzitterte. Die Patrizierführer Rothenburgs haben die Welt nie erwerben wollen, und haben meist nur ihre Vermögen verteidigt. Deshalb starben Bürgermeister-Fürsten auch in den Hungertürmen.

In der Stadt durfte keine wirkliche Persönlichkeit groß werden. Der Baumeister, der sich von dem Turm der Jakobskirche stürzte, weil sein Polier den einen Turm der Kirche besser und schöner ausgeführt hatte als er selbst den anderen, beweist zwar etwas wie Römertugend, aber er ist eine Ausnahme. Diese Geschichte wird übrigens auch von Bamberg erzählt, aber dort war der Teufel im Spiel und brach dem Gesellen, den er verführt hatte, später das Genick. In Rothenburg aber gab es keine Teufel und keine Dämonie. Es wurde alles genau berechnet. Selbst ein Gerücht genügte, um eine bedeutende Individualität zu vernichten. Als man erzählte, der imposante Bürgermeister Toppler habe mit dem Burggrafen von Nürnberg um den Besitz von Rothenburg gewürfelt, wurde Toppler ein elender Prozeß gemacht. Wenn Rothenburg keine großen Männer hatte und keine große Geschichte sich an seinen Namen heftet, so war die Unduldsamkeit der Bürger daran schuld.

Rothenburg wurde vergessen. Wie hinter einem Schleier des Schicksals lag es lange Zeit verborgen. Die Historie ging an Rothenburg vorbei, sie ging um Rothenburg herum. Es war eine Zeitlang, als ob es Rothenburg nicht gäbe. Es wurde darum auch nicht zerstört, ein einzigartiger Glücksfall. Selbst im Zweiten Weltkrieg opfert es nur das Rathaus, einige Basteien und Türme, die wieder aufgebaut wurden. Es hatte immer Fortune.

Und so tauchte es eines Tages wieder auf, wie aus einer historischen Hypnose erwachend und wie aus einem der Epen Hartmanns von Aue geweckt.

Das Bild von Rothenburg, wie es unter dem Dahingehen der Zeit sich erhalten hat, ist von unzweifelhafter Intimität, ganz ähnlich aufgebaut, wie auch Jerusalem mit seinen Mauern und Zinnen auf einem Hügel sich erhebt - geborgen hinter seiner heldischen Fassade und unvergesslich vom Fliedergeruch seiner Bastionen umweht.

Kasimir Edschmid, Vom Bodensee zur Nordsee, Fahrten im Westen, Henry Goverts Verlag, Stuttgart 1963, S. 138-141.

Gunter Haug
1955 wird er in Stuttgart geboren.
Als Journalist arbeitet Haug für mehrere südwestdeutsche Zeitungen, beim Südwestfunk ist er als Rundfunk- und Fernsehmoderator tätig. Der Schriftsteller hat eine Vorliebe für süddeutsche Landeskunde. Bekannt machen ihn seine historischen und biographischen Romane. Als Dozent für Medienmanagement lehrt er an der Fachhochschule Heilbronn-Künzelsau. Er wohnt in Schwaigern, zeitweilig auch in Rothenburg. In „Niemands Tochter" schildert er das Schicksal seiner Großmutter Maria Staudacher.

Niemands Tochter kommt nach Rothenburg (2002)

Das Fuhrwerk erreichte die Stadtmauer von Rothenburg. Mit ehrfürchtigem Staunen betrachtete Maria im Vorbeifahren die imposanten mittelalterlichen Befestigungsanlagen mit ihren Türmen, Schießscharten und Toren. Kaum zu glauben, dass jemals ein Angreifer diese Mauern hatte überwinden können! Und dann die furchteinflößenden Pechmasken, die den Betrachter böse anglotzten und aus deren weit geöffneten Mäulern früher das siedendheiße Pech auf die Feinde heruntergegossen worden war. Eine Gänsehaut lief über ihren Rücken und sie zog den Kragen des Mantels enger an den Hals. Laut hallte der Hufschlag ihres Pferdes von den Wänden, als sie auf der gepflasterten Straße durch den Torturm hindurch in die Innenstadt einbogen. Hier also würde sie in den nächsten Jahren zu Hause sein! Hier konnte, nein - hier musste - ihr Leben in neue Bahnen kommen!
Ob sich der Pfarrer nun endlich dazu bereit erklären würde, ihr Kind zu taufen, wenn sie im Haus von Johanns Eltern zusammen wohnen würden? Sicher nicht! Maria schüttelte kaum merklich den Kopf und versank wieder in die Gedanken, die sie schon seit Wochen umtrieben. Der Pfarrer Schick von St. Jakob hatte sich bisher so streng und unnachgiebig gezeigt, dass es der schockierten Maria fast den Atem genommen hatte. Der wollte ein christlicher Pfarrer sein, der den Gemeindegliedern Sonntag für Sonntag von der Gnade und Barmherzigkeit des Erlösers predigte? Und derselbe Pfarrer hatte sie bei ihrem Besuch mit Johann im Pfarramt so wütend angefaucht, was sie sich eigentlich erdreiste, als unehelich geborene Dienstmagd daherzukommen und, ohne den Segen ihres Vaters zu der Verbindung, von ihm eine Taufe für ihr nun ebenfalls unehelich geborenes Kind zu verlangen? Ob sie denn noch bei Sinnen sei?
Kein Hinweis auf christliche Nächstenliebe hatte gefruchtet, kein Bitten und Flehen der jungen Mutter. Zuerst sollten sie gefälligst heiraten, hatte der Pfarrer böse gezischt, einfach so in ungeordneten Verhältnissen ein gottloses Leben zu führen, dessen üble Auswüchse ausgerechnet er dann auch noch segnen sollte, nein, das sei wahrlich zu viel verlangt. Obwohl nun auch Johann, der die Unterhaltung bis dahin verlegen schweigend verfolgt hatte, in die Diskussion eingriff, war alles vergeblich. Der Hinweis, dass man ohne eigenen Hausstand nicht heiraten könne, es aber für den Herbst vorgesehen sei, wenn Johanns Eltern aus dem alten Haus ausgezogen und in ihr neues gegangen seien - nichts hatte den Pfarrer von seiner Linie abbringen können, und deshalb war Johann Alfred bis auf den heutigen Tag nicht getauft worden.
Maria war durch dieses Erlebnis bis in die Grundfesten ihres Glaubens erschüttert und hatte in ihren schlimmsten Träumen nicht erwartet, was ihr da an Hass und Abneigung von einem christlichen Priester entgegengeschleudert worden war.
„Brr!" Der Müller zog die Zügel an und die Kutsche kam vor einem winzigen gelben Haus zum Stehen. Maria schreckte aus ihren traurigen Gedanken auf und sah sich einen Augenblick lang orientierungslos um, bis sie erkannte, wo sie sich befanden: auf einem kleinen Platz vor dem windschiefen Häuschen, das von nun an ihre Heimat sein sollte. Es gehörte Johanns Eltern. Hier im Alten Keller - so hieß die enge Straße - war er aufgewachsen, bis er dann im Alter von vierzehn Jahren als Knecht in die Ludleinsmühle gegangen war.

Gunter Haug, Niemands Tochter, Auf den Spuren eines vergessenen Lebens, Hoffmann und Campe Verlag 2002, S. 200 – 206.

Schießscharte einer alten Befestigungsanlage

Das Fränkische Jerusalem

Alte Städte gibt es viele. Hier in Franken wimmelt es geradezu von solchen Perlen. ... Sie liegen am Wege. Rothenburg aber liegt nicht am Wege. Das ist der Unterschied. Da muss man extra empor. Die hochgebaute Stadt - jedenfalls wenn man aus dem stillen Taubertal kommt, sieht man die alte Stadt mit ihren Türmen und Zinnen ganz oben, gotisch gezackt, wie einen fernen Traum vom deutschen Mittelalter liegen, wirklich märchenhaft.
Schon die christlichen Pilger, die im Mittelalter aus dem Heiligen Land zurückkehren, haben Rothenburg gern das fränkische Jerusalem genannt. Ich, der ich dreimal in Jerusalem war, kann den Vergleich nicht so von der Hand weisen, wie es hier üblich ist. Beim ersten Anblick und aus der Entfernung stellen sich beim Kenner schon solche Assoziationen ein. Hoch, stolz, machtvoll das hügelige Umland überragend, das trifft auf beide zu. Natürlich heißt fränkisch klein, bescheiden, nach innen gekehrt. Das kann man vom mächtigen Jerusalem nicht sagen.

So der begeisterte Horst Krüger im Jahr 1987. Zwei Motive nennt er, die jahrhundertelang immer wieder angeschlagen werden: die hochgebaute Stadt und die Pilger. Eigens für die frommen Wallfahrer wird am Südhang der Stadt ein Leidensweg Jesu angelegt. So kann von Mahnmal zu Mahnmal die Passion Jesu nachempfunden werden. Der Rothenburger Heimatforscher Wilhelm Dannheimer vermutet, dass dies auf die Initiative der Franziskaner-Mönche zurückzuführen ist. Der Leidensweg beginnt wahrscheinlich an der Ölbergszene der St. Jakobskirche. Über das Kobolzeller Tor führt er hinunter zur Kapelle und zuletzt ziehen die Pilger den „Calvarienberg" vor der Burg hinauf. Dort stehen drei Kreuze, an Golgatha erinnernd.
Zwischen 1844 und 1851 besucht Eduard Mörike wiederholt Rothenburg. In seinem Nachlass finden sich Fragmente für die Novelle „Zur Geschichte von der silbernen Kugel" oder „Der Kupferschmied von Rothenburg". Von alten Reiseführern weiß er, dass Rothenburg oft mit Jerusalem verglichen wird. Auf den Passionsweg kommt er gleichfalls zu sprechen: „Wallfahrende Scharen aus der Nähe und Ferne versammelten sich in der Stadt und zogen feierlich zuerst die Cobolzeller Steige herab, nach dem Kirchlein im Tal, bewegten sich dann zwischen den Leidensbildern des Erlösers von einer Station zur anderen Station hinauf, um nächst an dem Burgtor eine große steinerne Kreuzigungsgruppe zu berühren." Mörike ist der Ansicht, die Wallfahrt ende im Jahr 1544. Als Grund nimmt er den Übertritt der Stadt zur Reformation an. Andere Chronisten beklagen, dass Bilderstürmer um 1521 die Monumente massiv zerstören. Den Rest besorgt schließlich die Verwitterung.
Im Jahr 1858 besucht der Maler Carl Spitzweg Rothenburg. An seinen Bruder Eduard schreibt er: Die Umgebung soll der „Stadt Jerusalem in hohem Grade ähnlich sein." Dazu verweist er auf Gethsemane, den herzförmigen Blutacker und das Tal Josaphat. Die Unterschiede erwähnt er gleichfalls: die grünen Weinberge, die großen Dreispitzhüte der Bauern und den schwäbisch-fränkischen Dialekt.
Zwischen 1731 und 1754 gibt Johann Heinrich Zedler sein „Grosses Vollständiges Universal-Lexicon aller Wissenschaften und Künste" heraus. Darin heißt es über die Tauberstadt: „Weil sie nun teils an, teils auf Bergen lieget, so vergleichet man sie desfalls mit der Stadt Jerusalem." (Band 32, Spalte 1093) Der Leidensweg Jesu vor der Stadt wird gleichfalls erwähnt.
Zwei Jahrhunderte weiter in die Vergangenheit zurück: Kaspar Brusch stimmt ein Loblied auf Rothenburg an. Die „edle Stadt" ähnelt Jerusalem, „darinnen unser Herr gelitten hat".
Noch einmal 300 Jahre früher: Zu Rabbi Meir aus Rothenburg kommen Schüler aus ganz Deutschland. Anfragen aus vielen Teilen Europas erreichen ihn. Für E. W. Heine ist unstrittig: Rabbi Meir macht Rothenburg zum „Jerusalem des Nordens".
Nach von Winterbachs Chronik gestaltet ein anderer Orden den Passionsweg Jesu, nämlich die Johanniter. Dort wird Fröhlich zitiert, leider ohne Jahreszahl. Dieser Orden, 1198 im Heiligen Land gegründet, hat „von Jerusalem genau Wissenschaft gehabt". Und er fährt fort: Die Johanniter „sollen die Mittagsseite gegen das Tauberthal so angelegt haben, dass die Stadt daselbst der Situation nach, der Stadt Jerusalem gleichen solle. Den Bau der Mehlwag haben sie zu Pilati Hauß gemacht, den Ort vor dem Burgthor da die 3 Creuze stehen, den Berg Golgatha und den Acker bei der Herrnmühl den Blutacker genennet."

Die hochgebaute Stadt - das Fränkische Jerusalem

SEHENSWÜRDIGKEITEN – EIN GANG DURCH DIE STADT

Eugen Skasa-Weiß
*22.2.1905 in Nürnberg
†17.10.1977 in London
Skasa-Weiß studiert Germanistik und Theaterwissenschaft an drei Universitäten. Der Schriftsteller bringt es auf über 30 Bücher, darunter sind fünf Katzenbücher und die Literaturastrologie „Selbst in den besten Tierkreisen". In vielen größeren und kleineren Werken preist der gebürtige Franke seine Heimat. Weitere Schwerpunkte bilden Reiseberichte und Kritiken. Man schätzt ihn als Meister des klassischen Feuilletons. Beliebt sind auch seine Plaudereien am Rundfunkmikrofon.

Das Baumeisterhaus mit den sieben Tugenden und sieben Lastern (1963)

Große Maler und Dichter sind den schmalen Stadtlenden Rothenburgs nicht entsprungen; seine überlokalen Musensöhne musizieren oder komponieren in Gestein. Der barocke Fiedel- und Fagottkomponist Erasmus Widmann schrieb kurz vor dem Spektakel des 30jährigen Krieges einen „Musikalischen Tugendtspiegel", der Baumeister Leonhard Weidmann setzte als Steinmetz am Rathaus und als großer Architekt und Steinkünstler am Spital und an der Fassade des Baumeisterhauses auf Rothenburgs dunkle Gotik das lichte Spiel der Renaissance.
In diesem Baumeisterhaus muß vor einigen Jahrzehnten ein rotblondes Mädchen mit einer feuerroten Haarschleife gewohnt haben, eines jener Rotfüchschen, die mir lange von Rothenburgs hellen Dachschindeln untrennbar erschienen. Hinter welchem Fenster unter den herabfließenden Giebeldelphinen des Weidmann-Palais das Rotfüchschen zu erspähen war, habe ich nie herausgebracht. Und warum wohl? Im unteren Stockwerk mußte sie entweder zwischen den Statuen der Herzensgüte und der Völlerei zu Hause sein oder zwischen Mütterlichkeit, Betrug, Sanftmut, Klugheit und Mäßigkeit, was ungeheuer ratlos machte. Der zweite Stock war schlimmer. Neben seinen Fenstern postierten sich die Gestalten des Geizes, der Tapferkeit, der Unkeuschheit, der Gerechtigkeit, der Hoffart, Falschheit und Trägheit, die allesamt für ein kleines Mädchen nicht der rechte Umgang sind. Nur ein einziges Mal besaß ich damals die Tollheit, voll auf das medusenhafte zweite Stockwerk hinanzustarren. Wie von einer Stichflamme getroffen wandte ich mein Auge wieder auf den Marktplatz zu: denn oben war das kanariengelbe Staubtuch einer prallen Rotfuchsmutter über Fuchsienblüten hochgeflattert, zwischen Statuen, die mich erröten ließen.
Noch heute blicke ich vorsichtig zu den Delphinen hinan; es könnte passieren, daß neben diesen Statuen, die durch weitere vierzig Jahre Entfernung von Weidmann und seiner Renaissance immer älter und schöner geworden sind, plötzlich das Haupt der frühen Rotblonden auftaucht, kaum mehr zu erkennen, weil die Haarschleife längst wie eine Fuchsienblüte abgefallen ist.
Unter den Städten ist Rothenburg mit derselben Unnachgiebigkeit verhimmelt und verbreitet worden wie die Mona Lisa unter den Frauenzimmern.

Eugen Skasa-Weiß, MERIAN 5 XVI Rothenburg und die Tauber, Hoffmann und Campe Verlag, Hamburg 1963, S. 12.

Das Baumeisterhaus mit den 7 Tugenden und 7 Lastern

Horst Krüger
*17.9.1919 in Magdeburg
†21.10.1999 in Frankfurt a. M.
Krüger studiert Philosophie und Literaturwissenschaften. Während des Nationalsozialismus wird er mit Hochverrat in Verbindung gebracht und verbüßt deshalb einige Zeit (1939/40) in politischer Haft. Nach dem Krieg erscheint sein Roman-Erstlingswerk „Das zerbrochene Haus. Eine Jugend in Deutschland". Darin verarbeitet Krüger seine Erlebnisse in der Nazizeit. Fortan beschäftigen ihn die Kindheit und Jugend in Berlin und das Dritte Reich mit seinen Folgen. Sein Werk umfasst mehr als 20 Bücher, vor allem Erzählungen, literarische und politische Essays, aber auch Reportagen und Städtefeatures für Rundfunk und Fernsehen. Seine Reiseberichte - auch aus Rothenburg - finden großen Anklang.

Eine einzige Dächerflut und die schönsten Gärten (1987)

Nein, ich werde jetzt keine Stadtführung beginnen. Ich lege ein paar Bilder zusammen, die mir in der Stadt auffielen, zunächst. Angenehme Erfahrungen, die mich nachdenklich machen. Ich sah das so deutlich nirgendwo in der Bundesrepublik.
Dächer zum Beispiel. Es gibt herrliche Dächer in Rothenburg. Ja, vom Rathausturm oder vom alten Röderturm aus betrachtet, wirkt die kleine Stadt wie eine einzige Dächerflut, die vom spitzen Giebel bis tief zur Erde wogt. Es mag ja alles etwas altertümlich sein, aber so große Dächer vermitteln ein Gefühl von Geborgenheit, Wärme, Behütetheit, das wir suchen, aber nicht mehr kennen. Die Dachziegel müssen dunkelrot sein und leicht geschwungen. Ihre beherrschende Fläche muß gelegentlich durch Gauben belebt sein: Walmgauben, Giebelgauben, Fledermausgauben - jedes Dachfenster wirkt wie ein weit aufgeschlagenes Menschenauge, das dem Haus ein eigenes Gesicht gibt. Solche Dächer, die alles beherrschen, geben dem Bauwerk die Würde und Wohnlichkeit einer wirklich humanen Behausung…

Über den Dächern von Rothenburg

Und doch drückt sich im Dach ein eigener Kulturwille aus. Die klassische Villa, wie sie das wohlhabende Bürgertum, vom römischen Modell abgeleitet, dann im 19. Jahrhundert weiterentwickelte, ist ohne das beherrschende, eigenwillige Dach nicht zu denken. Dächer drücken den Reichtum einer Kultur aus. Mehr noch: Sie symbolisieren immer den Bürgerstolz. Wer was war, wollte hoch hinaus und drückte das in der Kunstfertigkeit seiner Dächer aus. Stadtkultur ist immer Dachkultur gewesen. Von Lübeck bis Passau kann man es sehen. ...

Weiter: Gärten. Ich finde die kahlgeschorenen, abrasierten Rasenflächen, die Bungalows unserer gehobenen Stände heute umrunden, trist. Sie sind ganz seelenlos. Hier in Rothenburg sah ich die schönsten Gärten. Sie müssen verborgen und etwas verwildert sein. Wenn man zum Beispiel die Herrengasse Richtung Burgtor geht, kommt man an alten, prächtigen Patrizierhäusern vorbei. Da muß man rein, da muß man durch, durch Vorhöfe, Remisen, alte Laubengänge. Ganz zum Schluß, wo man meint, hier sei's nun zu Ende, muß man mit kraftvollem Stoß noch einmal ein Tor öffnen. Es knarrt, es quietscht, es klemmt. Da dämmert hart an der Außenmauer des prächtigen Anwesens immer ein Zaubergärtchen, wunderschön. Ich denke jetzt etwa an den verborgenen Garten, wo der Töpfer Ströbel wohnt. Wenn wir hier saßen, war ich immer bezaubert vom Charme dieses wunderschönen Wildwuchses hier. Es wirkt so human, wenn Gartenkultur, immer mehr wachsend und blühend, so langsam sich auflöst und wieder zerfällt ins Phantastische. Natur ist immer noch mächtig. Kein blauer Swimmingpool, aber ein grünes, algenbedecktes Tümpelchen war da, für Insekten und anderes Getier. Wilder Wein rankte sich hoch am Mauerwerk. Die Sonne, das flackernde Licht unter dem Blätterdach - Pans Stunde könnte man sagen.

Tatsächlich waren Flötenton und andere musikalische Verführung leise zu hören. Eine junge Sopranstimme übte ein paar Takte einer Mozartarie. Koloraturtöne, ganz hoch. Gleich nebenan ist nämlich das Goethe-Institut von Rothenburg untergebracht. Es war heiß. Die Fenster weit aufgesperrt. Offenbar übte sich da eine junge Kunstelevin in Gesang und Spiel. Vielleicht wird sie einmal eine Primadonna werden, die die Welt beklatscht?

Horst Krüger, Rothenburg ob der Tauber - ein deutscher Augenblick, Erste Erfahrungen, Echter Verlag, Würzburg 1987, S. 11 - 16.

Hausgesichter

Andreas Nohr
Geboren 1952 in Hamburg.
Nohr studiert Theologie und Philosophie. Aus beruflichen Gründen bereist er Lateinamerika, Ost- und Südostasien. Er schreibt Romane und Sachbücher, wobei oft ein Genre in das andere übergeht. Der Architektur und Stadtentwicklung schenkt er in seinen Schriften große Aufmerksamkeit, desgleichen dem Kirchenverkauf und Kirchenabriss.
Zusammen mit Barbara Kraus, einer Konzertorganistin und Fachbuchautorin, veröffentlicht er Orgelbücher und unternimmt mit ihr Konzertreisen. Mit Lesungen aus seinen Büchern ist er ebenfalls unterwegs.

Häuser, die was sagen (1999)

Der 1. Dezember 1802 ist der Tag der Übergabe Rothenburgs an Bayern und der Tag, an dem der Würzburger Stadtarchivar Andreas Sebastian Stumpf in Rothenburg eintrifft.

Mit dem Entschluss, abzureisen, wurde es mir auf einmal recht wohl und heiter ums Herz; ich konnte die Stadt in Muße betrachten. Und während ich mir die Stadtmauern und Bastionen, die Gebäude und Häuser in den Gassen ansah, gewann ich erneuten Eindruck, wie sehr wenigstens baulich die Stadt seit Jahrzehnten - oder gar seit Jahrhunderten - auf der Stelle trat. Man hatte ausgebessert, nicht neu gebaut. Man hatte mühsam erhalten, nicht geschaffen. Vor allem jene Bauten, die bereits recht heruntergekommen waren, und von solchen fanden sich nicht wenige, atmeten einen Stillstand, der sich mit der Undurchlässigkeit der Rothenburger Standesordnung leicht messen konnte. Der Wille zum Ausdruck, zum zeitgemäßen Gestalten, den ich in Würzburg nicht nur an der neuen fürstbischöflichen Residenz erkannte, fehlte mir hier, und ich begann bereits, mich in mein dortiges Archiv zurückzusehnen.

Allerdings trug sich auch Erheiterndes während meiner Promenade zu: Ich entdeckte nämlich, dass Häuser Gesichter haben! Bei kleinen oder schmalen Häusern formten die kleinen Fenster im Verbund mit der Eingangstür manchmal gar ein wirkliches Gesicht mit Augen und Nase oder Augen und Mund. Aber auch größere Häuser, denen Gesichtsteile nicht ohne weiteres mehr zuzuordnen waren, zeigten etwas, das ich nicht anders als einen „Gesichtsausdruck" zu nennen wusste. Das Ensemble von Wand, Fenster und Türen sowie Dach und Giebel schuf hier einen fröhlich-unschuldigen Ausdruck, während dort jene andere Vorderfront finster und übelgelaunt in die Welt zu blicken schien.

Einmal entdeckt, verselbständigte sich der Gedanke, und ich stellte mir vor, wie die Häuser der Stadt nachts, wenn ihre Bewohner schliefen, sich heimlich unterhielten und dabei, ihrem äußerlichen Charakter entsprechend, lachten oder schimpften, zankten oder säuselten, wichtig taten oder verschämt zur Seite blickten. Das musste ein Konzert ergeben des Nachts! Doch wäre es wohl ein ganz anderes, als jenes, das ihre Bewohner des Tags untereinander anzustimmen pflegten, so räumte ich mir selber ein. Dennoch stimmte mich der Gedanke an wispernde, tanzende, weinende und naseweise Wesen heiter, die den lieben langen Tag scheinbar unbeweglich in Wahrheit nur darauf warteten, sich in der Dunkelheit endlich wieder zu Wort zu melden.

Andreas Nohr, Stumpf oder: von Städten und Räumen: Rothenburg im Jahre 1802 - ein historisches Kriminalmärchen, Verlag J.H. Röll, Dettelbach 1999, S. 74.

Die Marienapotheke: ein Fachwerk – urwüchsig und lebendig

Horst Krüger
Das Kriminalmuseum - Teuflische Todesarten (1987)

Ja, die gute alte Zeit damals. Man kann sie sehr überzeugend in der Stadt im Kriminalmuseum besichtigen. Was man zunächst als lokale Kuriosität einschätzt, entpuppt sich beim Besuch als eine sehr ernsthafte Schau. Wer damals ins Räderwerk der Justiz geriet, hatte mit einem Strafvollzug zu rechnen, dessen Grausamkeit uns heute unfaßbar ist. Teuflische Todesarten: Enthauptungen, Erhängen, aufs Rad flechten, in heißem Öl sieden, lebendig Begraben, Einmauern, Vierteilen. Jede denkbare Form der Folter war üblich - im Namen der Dreifaltigkeit, versteht sich: Fingerschrauben, Beinschrauben, Mundbirnen. Also ich möchte in dieser Zeit nicht gelebt haben.

Horst Krüger, Rothenburg ob der Tauber - Ein deutscher Augenblick, Erste Erfahrungen, Echter Verlag, Würzburg 1987, S. 21.

Andreas Nohr
Mehr als eine wohlbestückte Folterkammer - ein Museum der Rechtsgeschichte (1999)

Dieses Museum ist ungleich mehr als eine wohlbestückte Folterkammer früherer Zeiten, wie man sie auch anderwärts zeigt. Vielmehr handelt es sich bei dem Haus in der Burggasse um ein Museum der Rechtsgeschichte; man zeigt hier auf vier Etagen neben mancherlei schauerlichen oder für heutige Betrachter bisweilen lächerlichen Geräten auch anderes, nämlich Siegel, Urkunden, Kupferstiche und Holzschnitte, dazu Polizei- und Kleiderordnungen verschiedener Zeiten bis hin zu den Karikaturen über Justiz und Verwaltung.
Natürlich verfügt man auch über ein Magazin und Archiv, denn nicht alles eignet sich zur Ausstellung.

Andreas Nohr, Stumpf oder: von Städten und Räumen: Rothenburg im Jahre 1802 - ein historisches Kriminalmärchen, Verlag J.H. Röll, Dettelbach 1999, S. 11.

Eugen Skasa-Weiß
Faulturm-Elegie (1963)

Kaum eine andere Kleinstadt weist wie Rothenburg gleichfalls 33 alte Türme und Türmchen auf. Der Faulturm gehört zur Rechtsgeschichte der Freien Reichsstadt. Noch immer erfasst einen das Grauen, wenn man bedenkt, was sich darin abgespielt hat. Skasa-Weiß vergegenwärtigt es.

Einer der unheimlichen Anziehungspunkte, die einen plötzlich mit Gruftatem anhauchen können, ist die runde Steinbüchse des Faulturms. Der Faulturm erhebt sich gotisch und 38 Meter hoch über einem Angstloch. In diesem Rundturm mußten jene Unglückseligen, die zur Exekution durch den ehrlosen Scharfrichter zu herrschaftlich waren, bei einem mitgegebenen Brotlaib langsam verschmachten. Vor einem Jahrzehnt ist das Angstloch durchstöbert und kübelweise von Menschengebein gereinigt worden. In einer Mauernische haben die Rothenburger Höhlenforscher ein gotisches Steinklosett entdeckt, das die Stadt den armen Sündern als letzten Luxus eingerichtet hatte. Unter den Skelettresten waren Schädel von Frauen, was nun wirklich keine Art ist.
Frauen, meinte ein Rothenburger, ohne an alte zu denken, gehörten gewiß zuweilen in einen Turm; aber nicht so nachhaltig, daß man ihre Köpfe erst Jahrhunderte später wiederfindet. „Dafür", fügte er ritterlich hinzu, „ist das übrige an den Frauen eigentlich zu schade."
Wie allgegenwärtig der Faulturm und seine Bewandtnis den Rothenburgern noch in der Seele steckt, kann ich an einem der Holzstapel entlang der Wehrmauer sehen. Auf einem Pappschild verflucht eine alte Frau mit neuzeitlicher Handschrift einen Holzdieb, der sich im fahlen Grünlicht der Mauerlaternen bedient hat: „Wer noch mal von dem Holz stiehlt", schreibt sie grimmig, „dem sollen beide Hände wegfaulen." Pfui, einer alten Frau das Holz zu stehlen!

Eugen Skasa-Weiß, Die Traumstadt in der Butzenscheibe, MERIAN, Hoffmann und Campe Hamburg 1963, S. 11 - 12.

Der Faulturm überragt selbst den Turm der Johanniskirche

Alter Keller 17

Gunter Haug
Alter Keller (2002)

Gunter Haug hat seine Wurzeln in Rothenburg, und zwar im „Alten Keller". Als Kind hat er die Stadt einige Male besucht. In dem Roman „Niemands Tochter" schreibt er über Großeltern, Haus und Stadt:

Dieses kleine Haus! Ich habe mich als Kind geschämt, dass meine Großeltern in solch einer winzigen schiefen Hütte hausten. Und überhaupt: die zwei, drei Mal, die ich in meinen ersten zehn Lebensjahren nach Rothenburg habe mitreisen müssen ... Nein, schön fand ich das nie. Mir war schon auf der Fahrt übel von der unendlichen Kurverei durch das rückständige Hohenlohe. Die Benzin-ausdünstungen im VW-Käfer ließen den Magen rebellieren. Dann diese uralte Stadt: Die haben ja noch nicht einmal geteerte Straßen, schoss es mir durch den Kopf. Das kleine Haus im „Alten Keller", irgendeinem vergessenen Winkel von Rothenburg, der Treppenaufgang mit den ausgetretenen Holzstufen. Ein Seil an der Wand anstelle eines Treppengeländers. Der Patenonkel Willi, der dann später dieses Gedicht über das alte Haus geschrieben hat, dieses Mundartgedicht, das ich erst heute verstehe (oder verstehen will). Worin vom Staunen der Menschen die Rede ist, vom Staunen darüber, dass in solch einem winzigen Haus die Eltern gelebt haben, samt acht Kindern. Die dickliche, immer freundlich lächelnde alte Frau mit dem grausträhnigen Haarknoten. Der kleine, rotgesichtige Mann mit den feuerroten Haaren. Und dieser Dialekt, den ich nie verstanden habe! Dann das ewig gleiche Festtagsessen in dem niedrigen windschiefen Wohnzimmer für die schwäbischen Gäste: fränkischer Sauerbraten mit rohen(!) Kartoffelknödeln. Keinen Bissen habe ich davon herunterbekommen.*
Merkwürdig: Heute spüre ich zwar noch die Gänsehaut von damals - aber ich sehe alles mit ganz anderen Augen.
Dieses kleine Haus: Es war ein Quantensprung für meine Großeltern, der Beginn eines langen und harten Weges. Aber eben ein Beginn. ...

Gunter Haug, Niemands Tochter, Auf den Spuren eines vergessenen Lebens, Hoffmann und Campe Verlag 2002, S. 200 – 206.
**Hrsg.: Willi ist Wilhelm Staudacher.*

Wasser für Rothenburgs Brunnen

Von jeher ist Wasser in Rothenburg ein knappes Gut. Das rührt auch daher, dass die Stadt etwa 420 Meter über dem Meeresspiegel und rund 60 Meter über der Tauber liegt. Was der Brunnenmeister Sommer im Jahr 1594 geschaffen hat, halten die Zeitgenossen für ein Wunderwerk. Selbst heute kann man über diese Meisterleistung staunen. Sommer fasst die Quelle auf der Engelsburg und leitet das Wasser zur Tauber hinunter. Ein Wasserrad fördert das köstliche Nass zum Klingentorturm hinauf. Von dort laufen zwei Leitungen in die Stadt hinein. Die eine speist die Brunnen in der Klingen- und Herrngasse. Die andere versorgt die Wasserbecken auf dem Kapellenplatz und in der Rödergasse. Der Herterich- oder Georgsbrunnen bezieht jedoch sein Wasser aus einer anderen Quelle. Die liegt nördlich der Stadt, etwa zwei Kilometer entfernt. Der Herterichbrunnen ist Rothenburgs schönster Brunnen, auch mit dem größten Fassungsvermögen. Etwa 100.000 Liter kann er aufnehmen. Jahrhunderte hindurch ist Brunnenwasser ein „freies Gut"; die Bürger schöpfen es umsonst. Bis ins 18. Jahrhundert hinein versorgen sich viele Rothenburger aus öffentlichen Brunnen. Ein eigener Brunnenmeister hält die Leitungsrohre in Schuss.

Johann David Wilhelm von Winterbach
*16.4.1772 in Rothenburg
†26.11.1856 in Rothenburg
Nach dem Jurastudium wird er „Landkommissair" in Gebsattel, 1802 Verwaltungsrat in Rothenburg. Auf eigenen Wunsch wird er 1820 in den Ruhestand versetzt. Nun hat er die Muße, sich ausführlich in die Geschichte seiner Vaterstadt zu vertiefen. Das Ergebnis: 1826 und 1827 veröffentlicht er ein zweibändiges Werk: „Geschichte der Stadt Rothenburg und ihres Gebietes mit topographisch-statistischer Darstellung nach reichsstädtischer und bayerischer Verfassung". Er errichtet eine Stiftung mit dem Ziel, jährlich zwanzig Arme zu speisen.

St. Georg hoch über dem Herterichbrunnen

Die Wasserversorgung - ein Wunderwerk

Unter der Überschrift: „Sehenswerth sind ferner" schreibt von Winterbach:
Der Klingenthurm wegen des merkwürdigen Wasserwerks, darüber der Archivband über Brunnen- und Wasserleitungen sich also ausspricht:
„Im April 1594 wurde der Brunnenmeister Johann Georg Sommer von Kempten hierher berufen, und angestellt zur Anlegung eines dem großen Wassermangel abhelfenden Bronnenwerkes. Sommer wollte zuerst solches von dem mit Quellen reichhaltig befundenen Berg nächst dem Wildbad, der Tauber gegenüber, hinauf in den Spitalthurm leiten, unterließ es aber doch, theils wegen des großen Kostenaufwands, theils wegen zu vieler Hindernisse nach seinen sehr umständlichen Berichten und Berechnungen.
Inzwischen hatte er eine starke Quelle am Fuße des Berges, auf dem noch Ruinensteine der Engelsburg stehen, aufgefunden, errichtete dort die Brunnenstube, wo das Wasser von einem unterschlächtigen Rad mit Krummzapfen und Druckwerk mit 4 Stiefeln in

Der Herterichbrunnen: der schönste und größte Brunnen

einer 1½ Zoll weiten bleiernen Steigröhre 3500 Fuß den Berg hinauf und gegen 400 Fuß senkrecht in die Höhe in einen kupfernen Kessel des Wasserthurms beim Klingenthor getrieben wird, von da es sich in die drei Brunnen beim Klingenthor, auf dem Kapellenplatz und in der Mitte der Herrngasse vertheiltet.

Die Glockengießer Gebrüder Hans und Weigand Arnold von Würzburg machten die Gießerei der metallenen Röhren und Teicheln. Ebenso wurde 1608 ein Rothgießer Zapf berufen, der die bleiernen Röhren von der Hertrichbrunnenstube bis herein zum Brunnen am Fleischhaus geleget hat.

Dieser Herterich- oder St. Georgsbrunnen zeichnet sich unter den öffentlichen Springbrunnen aus. Er wurde 1446 in die Stadt geführt, und 1447 vom Stadtwerkmeister Hans Viltes in einen hölzernen Kasten gefaßt, 1491 aber in einen steinernen Kasten. 1608 wurde jetziger Kasten von harten Steinen von Hans Scheibberger, und dessen hohe Säule, worauf der Ritter St. Georg zu Pferd den Drachen bekämpfend zierlich dargestellt ist, sowie die herzoglich gräflichen, jetzt königlich bayerischen Löwen die Säule umgebend, von einem Stoffel Körner gehauen. Er ist 8 Schuh hoch und 13 tief, hält 386 Nürnberger Eimer oder 107 Fuder 2 Eimer und nach Rothenburger Aich 89 Fuder 5 Eimer 21 Maas. Er ist mit der Säule von harten Steinen ausgebauet.

J. D. W. von Winterbach, Rothenburger Chronik, Hrsg. And. Albrecht, Kunstverlag Albrecht Rothenburg 1905, S. 120 - 121.

Horst Krüger
Every day is Christmas (1987)

Wunderliches geschah eines Abends. Kräftige junge Männer, denen man fränkischen Fleiß ansah, trugen dauernd Kuckucksuhren über den Marktplatz. Erst waren es nur wenige, ganze Gruppen dann. Kolonnen von jungen Lastträgern, die immer größere, immer imponierendere Kuckucksuhren auf ihren Rücken buckelten. Ich wußte gar nicht, daß es solche Monster deutscher Innerlichkeit überhaupt gibt. … Genau dem Baumeisterhaus gegenüber war auch das Ziel und der Endpunkt jener merkwürdigen Prozession der Kuckucksuhren zu sehen. …
Ganz zufällig waren wir Zeugen geworden, wie hier ein tüchtiger Unternehmer im Zentrum eine neue Filiale in Gang brachte. Nein, den Namen des Mannes werde ich nicht nennen. Das wäre Schleichwerbung. Es genügt zu wissen, dass so erfolgreiche Kaufleute bei uns immer aus der DDR kommen. Da haben sie es gelernt, wie man es falsch macht, und hier machen sie es nun richtig - freier Markt, sagen wir. Nämliche Firma unterhält in der Stadt schon zwei Geschäfte, die florieren und heute zum Bild Rothenburgs einfach gehören. Jeder Besucher der Stadt weiß Bescheid. Beide Geschäfte sind auf Weihnachten spezialisiert. Christkindlkunst oder Weihnachtsmarkt, ob strahlender Mai oder mildes Septemberlicht - in beiden Geschäften wird immer Weihnachten zelebriert. Jeden Tag, jede Woche, das ganze Jahr hindurch wird Christi Geburt hier gefeiert. Ich kannte das aus Amerika. „Every day is Christmas", heißen die wunderlichen Institute dort in den Staaten.
Natürlich hatte ich beide Läden zuvor inspiziert. Sie sind in ihrer Art perfekt. Sie passen genau in Rothenburgs Wunderwelt. Ist es nicht wunderbar, wenn man im Zentrum aus sommerlicher Hitze plötzlich in kalten Winter versetzt wird? Haben sie Air-Condition? Leise rieselt der Schnee jedenfalls. Goldene Engel schweben vom Himmel. Heimliche Chöre singen die alten, vertrauten Weisen, die mir zum Fest immer so auf die Nerven gehen - hier nicht. Knecht Ruprecht geht um mit Sack und Rute. Glöckchen und Spieluhren klingen sanft. Und überall ist die bekannte Urszene aus Bethlehem in vielen Variatio-

Der Reiterlesmarkt ist eröffnet

nen zu kaufen. Die Krippengeschichte mit Maria und Josef, dem heiligen Kind und dem ganzen Drumrum nebst Esel und die drei Mohrenkönige aus dem Morgenland.
Bewundernswert schien mir das Verhaltensmuster der Kunden. Frauen in großgeblümten Sommerkleidern, junge Männer in kurzen Hosen und Turnschuhen - wenn sie den Laden sehen, grinsen sie erst fast ungläubig. Fast widerstrebend, auf jeden Fall zögernd lässt der Mann sich dann von der Frau in den Laden ziehen. Und dann? Dann ist es um beide geschehen. Rothenburgs Zauberwelt nimmt sie gefangen. Die Geschäftsräume sind riesig. Das muss wieder wie in den alten Patrizierhäusern bis zur Mauer hinten tief durchgehen. Man kann eine halbe Stunde wandern, geht staunend von diesem in jenen Saal. Der innere Widerstand wird aber nicht durch Größe, sondern durch Qualität gebrochen. Er schmilzt dahin.
Es ist nämlich kein Warenhausramsch, kein billiges Flitterzeug, das hier feilgeboten wird. Es sind kleine Kunstwerke, unendlich liebevoll inszenierte Puppen, die einem ihr Händchen entgegenstrecken. Alte Volkskunst ist das, die einmal im Erzgebirge, im Vogtland, so rund um Zittau ihre Heimat hatte. Es sollte mich gar nicht wundern, wenn dieser tüchtige Kapitalist aus der DDR seine betörenden Kunstwerke noch heute von dort bezieht. Das Ende vom langen Einkaufsgang ist jedenfalls, dass man die grinsenden Anfänger zum Schluss sehr still, fast andächtig an der Kasse sieht, mit ein paar Päckchen bewaffnet. Das nächste Fest kommt bestimmt. Man kann in Deutschland gar nicht früh genug mit den Weihnachtseinkäufen beginnen.

Horst Krüger, Rothenburg ob der Tauber - ein deutscher Augenblick, Erste Erfahrungen, Echter Verlag, Würzburg 1987, S. 37 - 41.

Rothenburger Weihnacht

Gertrud Schubart

Gertrud Schubart wurde am 10.11.1926 in Rothenburg geboren. Ihre Kindheit und Jugend verbringt sie im „Greifen", in dem Haus, wo Jahrhunderte zuvor Rothenburgs berühmtester Bürgermeister Heinrich Toppler wohnte. In über 20 Büchern und über 100 Rundfunkbeiträgen beschreibt sie ihre Heimat, immer neu, immer überraschend. Oft gibt sie der Mundart den Vorzug. Sie hebt und bewahrt den Schatz, der in alten Rothenburger Sagen und Liedern, Redensarten und Sprichwörtern verborgen ist.

Die Marienapotheke: ein Fachwerkbau von Urwüchsigkeit und lebendiger Gestaltung (1989)

Bei dem regen wirtschaftlichen Leben und bei der allgemeinen Wohlhabenheit der Bürger blieb es nicht aus, daß Patriziat und Bürgerschaft angespornt wurden, sich durch Errichtung neuer Wohnhäuser oder mit Um- und Ausbauten hervorzutun. Ihre Herrensitze erbauten sie selbstbewußt gegenüber dem Rathaus oder zumindest in dessen unmittelbarer Nähe.

Vielleicht hatte unser liebenswerter Chronist Dr. Martin Weigel nicht ganz unrecht, wenn ihn seine große Liebe zur Stadt zu der Feststellung veranlaßte, Rothenburg könne alles in allem seine aristokratische Note nicht verleugnen.

Jedes dieser jahrhundertealten Patrizierhäuser hat seine eigene reizvolle Geschichte und ich möchte Ihnen, verehrte Leser, einige davon zum besten geben.

Solch ein „treffliches Gebäu" ist z.B. die heutige Marienapotheke, hinter dem imposanten Röhrenbrunnen St. Georg im Süden des Marktplatzes gelegen. - Sie ist das ehemalige Wohnhaus des alten Geschlechtes der Jagstheimer. Ihr Obergeschoß ist ein Fachwerkbau von solcher Urwüchsigkeit und lebendiger Gestaltung, wie wir ihn so nicht leicht wiederfinden.

Carl Spitzweg, der Rothenburger Motive in seinem Skizzenbuch festhielt, war so von der heimeligen Fassade angetan, daß er sie und das gesamte Ensemble gewissermaßen weltberühmt machte. Wer kennt ihn nicht, den „Verliebten Apotheker"?

Das Jagstheimersche Anwesen steht bereits seit 1488 und war Zeuge vieler bedeutender Geschehnisse: Kriege, Feuersbrünste, militärische Durchzüge, Pestilenzen, aber auch kaiserliche Besuche. Im Jahre 1513 nahm Kaiser Maximilian I. wiederholt Herberge dort und nach ihm noch so mancher der deutschen Kaiser und Könige.

Ein Mann aber lebte in dem Hause, der in Rothenburg bis auf den heutigen Tag unvergessen geblieben ist: Georg Nusch.

Ein Originalgemälde aus dem Historiengewölbe des gotischen Rathauses zeigt sein klug geschnittenes Gesicht mit lebhaften Augen, aus denen Güte und Toleranz sprechen. Graue Haare um Kinn und Haupt zieren den Mann im schwarzen Habitus mit großem, weißem Kragen. …

Das Jagstheimersche Haus war 1812 zur Marienapotheke geworden, die allerdings nicht die einzige Apotheke in der Stadt war.

In allernächster Nachbarschaft zu ihr, am Marktplatz, gab es und gibt es noch immer die hochgiebelige Löwenapotheke, deren Besitzer sich lückenlos seit 1374 nachweisen lassen. Sie zählt zu den ältesten Offizinen in Deutschland. Rothenburg, an der Ost-West-Verbindung sowie an der Nord-Süd-Linie - Norddeutschland über Würzburg, Rothenburg, Dinkelsbühl über den Bodensee nach Italien - gelegen, erlangte als Straßenschnittpunkt wirtschaftliche Bedeutung. Bereits 1172 wurde Rothenburg das Stadtrecht verliehen (Nürnberg erst 1219) und somit ist es nicht verwunderlich, wenn die ersten Apotheken bevorzugt in den an Kreuzungen wichtiger Handelsstraßen gelegenen Städten entstanden sind. Hier konnte der Apotheker die begehrten ausländischen Arzneidrogen relativ leicht erwerben und für die Kranken bereithalten.

Gertrud Schubart, Geliebtes Rothenburg, Verlag Frewel & Altenmöller, Rothenburg ob der Tauber 1989, S. 10 - 11, 16.

Ein Abend in der Herrngasse

Der Burggarten

Im Burggarten wird um 1200 eine Stauferburg errichtet. Ein langes Leben ist ihr freilich nicht beschieden. Ein starkes Erdbeben mit dem Epizentrum bei Basel beschädigt sie, wie ein Lexikon berichtet: „Als An. 1356 an St. Lucas Tag um Vesper-Zeit die alte Burg, durch ein großes Erd-Beben sehr erschüttert war, hat die Stadt bei Kayser Carl den IV. die Erlaubnis erhalten, selbige abzubrechen." (Georg Paul Hönn, Lexicon Topographicum, Frankfurt und Leipzig 1747, Seite 524) Der Kaiser erlaubt nicht nur den Abbau der Burg; er schenkt der Stadt auch den dazugehörigen Platz. Das ist Bundschuhs Lexikon zu entnehmen (Band 4, Spalte 625). Ab 1397 wird nur ein Teil der Burg, nämlich die Kapelle, wieder aufgebaut. Am 11. September 1400 kann sie zu Ehren der Heiligen Blasius, Sebastian und Fabian geweiht werden. Diese Kapelle zählt zu den ältesten Bauwerken der Stadt. Einige Partien ihrer Außenmauer bestehen – klar sichtbar - aus Buckelquadern, die einst zur romanischen Burg gehörten. In der Innenmauer werden 1903 Fresken entdeckt und freigelegt. Seit der Reformationszeit finden in der Kapelle keine Gottesdienste mehr statt. Ab 1956 dient sie als Kriegergedächtnisstätte.

Hermann Uhde-Bernays
Im Burggarten mit angehaltenem Atem lauschen (1989)

Wer im Burggarten zu Rothenburg mit angehaltenem Atem zu lauschen vermag, wird die Sprache der Vergangenheit ebenso eindringlich vernehmen wie in den engen Gassen der Stadt. Beides gehört streng zusammen. Wo die Natur sich so wundersam, so unabsichtlich als Zusammensteller künstlerischer Motive gibt, darf sie gefeiert werden. Und da versagen dem Chronisten die Worte. Nur mit der kühnen und freien Sprache des Dichters kann Rothenburg würdig geschildert werden.

Die unabsichtliche Zusammenstellung künstlerischer Motive bewirkt durch eine seit Jahrhunderten gemeinsame und innige Verbindung des Städtebildes, das sich von modernen Zutaten rein erhalten hat mit der landschaftlichen Schönheit der umgebenden Natur.

Hermann Uhde-Bernays, Charakter der alten Reichsstadt, in: Manfred Balbach, Rothenburg ob der Tauber, Die Stadt in alten Ansichten, Josef Keller Verlag, Starnberg 1989, S. 32 - 33.

Ein Wintermorgen im Burggarten

Johann Kaspar Bundschuh
Geboren 1753 in Schweinfurt; gestorben 1814.
Bundschuh wirkt als Pfarrer, Schulinspektor und Geograph. Seinen Veröffentlichungen nach beschäftigen ihn vor allem Geographie und Topographie. Sein sechsbändiges Lexikon, das zwischen 1799 und 1804 erscheint, trägt den Untertitel: „Vollständige alphabetische Beschreibung aller im ganzen Fränkischen Kreis liegenden Städt, Klöster, Schlösser, Dörfer, Flekken, Höfe, Berge, Thäler, Flüsse, Seen, merkwürdiger Gegenden". Beim jeweils genannten Ort berichtet er über „Anzahl und Nahrung der Einwohner, Manufakturen, Fabriken, Viehstand, merkwürdige Gebäude, neue Anstalten, vornehmste Merkwürdigkeiten".

Stadterweiterung und Stadtmauer - der Stadt Auszierung und Befestigung (1804)

Der Thüringisch-Fränkische Herzog Pharomund legte hier eine Gränzveste gegen Schwaben 419 an, welche in der Folge unter dem Namen rothe Burg, wovon die Stadt den Namen bis jetzt behielt, berühmt geworden ist. Diese Burg wurde die Residenz und Hofhaltung von mehreren fränkischen Herzögen und Grafen und dadurch der Grund zu vermehrterer Ausbauung gelegt. Eine der ältesten Urkunden erwähnt schon aus dem Jahre 517 eine Burggasse und 942 kommt Rothenburg schon als Stadt in diplomatischer Beziehung vor. Sie wurde dann mit einer Ringmauer und mit Thürmen versehen und begrief in sich die Burg- Herrn- Schmied- Hafen- Jörgen- Kloster- und Kirchgasse. Die Mauer zog sich vom Burgthor bis an den St. Johannisthurm, da, wo jetzt die

Johanniskirche steht, von da an den alten Stadtgraben hinauf bis zum Büttelhaus, wovon der Röderbogen noch steht, weiter bis zum weißen Thurm, jetzt Galgenbogen genannt, dann zum Turm hinter dem teuschen Haus in der Klingengasse und schloß sich von da wieder ans Burgthor an.
Zu Anfang des 13. Jahrhunderts 1204 wurde die Stadt vom Johannisthor an bis an den Siedersthurm, von da zum Röderthor, Galgenthor erweitert und in dieselbe auch das neu erbaute Spital eingeschlossen. Die letzte Erweiterung der Stadt vom Siebersthurm bis zum Koboldzeller- und Spitalthurm wurde 1408 vorgenommen und auch das Hundsthor, den Eßigkrug hinab, gemacht, welches aber nachher wieder zugemauert worden ist.
Ungeachtet Heinrich Toppler die Stadt unter kaiserlicher Begnadigung noch ansehnlich zu vergrößern den Plan machte und dieselbe bis an die Brücken vor dem Klingen- und Galgenthor (am Thurmseelein), wo Thürme gestanden, aber 1572 abgebrochen worden sind, und noch weiter gegen das Spitalthor zu erweitern, so wurde dieses Vorhaben doch nicht ausgeführt und man legte es von der Zeit an nicht sowohl mehr zur Vergrößerung der Stadt, als auf deren Auszierung und Bevestigung an. Für Beweise gelten hier die Erbauung der Basteyen vor dem Klingenthor von 1592 (nicht 1526, 1530 oder 1587) und vor dem Spitalthor von 1587 (1542, 1547), die Aufführung des Walls vor dem Galgenthor, gemeinhin die Katz genannt, 1620; der Hauptwall wurde 1624 angelegt.

Johann Kaspar Bundschuh, Geographisches Statistisch-Topographisches Lexikon von Franken, Verlag der Stettinischen Buchhandlung 1799-1804, Band 4, Spalten 636-637.

Der Stadtkern mit dem Verlauf der ersten Stadtmauer

Das Rathaus

Zwei Gebäude bestimmen, ja beherrschen die Ansicht und Geschichte der Stadt: das Rathaus und die St. Jakobskirche. Das ERstere besteht aus zwei Flpgeln; an ihnen lassen sich drei Bauabschnitte, ja drei Baustile erkennen. Der älteste Flügel, um 1250 errichtet, ist gotisch. Der Flügel davor brennt 1501 ab; an seine Stelle tritt 1570 ein Renaissancebau. Die Schauseite zum Marktplatz hin erhält 1681 Barock-Arkaden. Sie zeigen die Symbole der sieben Kurfürsten: das Rad für Mainz, das rote Kreuz für Trier, das schwarze Kreuz für Köln, das Schwert für Sachsen, den Löwen für Böhmen, den Adler für Brandenburg, und den Löwen für die Pfalz. Das Portal des Rathauses ziert ein lateinischer Vers aus dem Jahr 1572; übersetzt heißt er:
„Hier wohnet die Gerechtigkeit, / Fern bleib, wer sich am Bösen freut! / Gott ist gerecht / in Himmelshöh'n, / Vor ihm kann nur, was recht, bestehn."
Bis in die Neuzeit wird im Kaisersaal des Rathauses Gericht gehalten. Daran erinnert noch immer die Darstellung des Jüngsten Gerichts aus der Zeit um 1400. An der östlichen Giebelseite sind die Maß-einheiten angebracht, die in vergangenen Jahrhunderten für Rothenburg galten. Der Schuh beträgt 30,2 Zentimeter, die Elle 59 Zentimeter, das Klafter 1,8 Meter und die Rute fast 4 Meter.

Johann Heinrich Zedler
Seinesgleichen findet man in keiner fränkischen Stadt (1754)

Das Rathhaus präsentiret sich gar ansehnlich, so dass man nach Nürnberg, seines gleichen in keiner Fränckischen Stadt finden wird … Der Thurm, der auf solchem stehet, ist deswegen merkwürdig, weil es vom Dache aus erbauet und doch eine ziemliche Höhe hat, von dem man die ganze Stadt gar füglich übersehen kann.

Johann Heinrich Zedler, Grosses Vollständiges Universal-Lexicon aller Wissenschaften und Künste, 1731-1754, Band 32, Spalte 1094.

Aus dem Südgiebel wächst der Rathausturm

Johann Kaspar Bundschuh
Äußere Pracht und architektonische Schönheit (1804)

Über Rothenburg berichtet Bundschuh:
Das Rathhaus ist, so wie es hier steht, nicht zu einer und eben derselben Zeit gebaut worden. Nachdem das älteste Rathaus, welches auf dem Platze stand, wo gegenwärtig das Fleischhaus ist, 1240 abbrannte; so wurde das Rathhaus auf die Stelle gebaut, wo das gegenwärtige steht. 1501 Sonntag Oculi brannte auch dieses mit dem Thurme ab. Viele Dokumente des Archivs gingen jedes Mal dabei zu Grunde. 1558 wurde der Thurm verbessert und anstatt der steinernen mit einer eisernen Gallerie, auch wieder mit einer Glocke von 29 Zentner 8 Pfund an Gewicht versehen, nachdem diejenige, welche man 1555 wegen Reparatur des Thurms herablassen wollte und hiebey den Mastbaum zerbrochen, auf das Pflaster von halber Höhe, jedoch ohne weitern Schaden, heruntergefallen war. Im Jahre 1572 wurde das alte Rathhaus zum Theil und so abgebrochen, daß es noch 58 Schritte Länge und 24 Schritte Breite behielt und dafür die Seite gegen Morgen mit einem Aufwande von 19.197 fl. neu aufgebaut. Es fehlt dieser Hälfte, welche 50 Schritte lang und 18 Schritte breit ist, an äußerer Pracht und architektonischer Schönheit nicht. …

Dieses Gebäude ist außer dem Erdgeschoße 2 Stockwerke hoch und bis zur Hälfte nach Toskanischer und die obere Hälfte nach Jonischer Manier a' l' Attique gebaut. Jedes Stockwerk hat in der vordern Facade 10 Fenster, welche durch einen Vorsprung in der Mitte von einander abgetheilt werden. Im Vorsprung, der über das Dach hinausragt und in dessen Thurmgebäude das arme Sünderglöcklein hängt, wird man durch eine steinerne Wendeltreppe bis über das oberste Geschoß geführt. Auf beyden Seiten desselben ist eine geräumige massive Altane, auf deren Balustrade der kaiserliche Reichsadler mit seinen Attributen und die Gerechtigkeit und Klugheit in Menschengröße in Stein gehauen stehen. Unter der Altane, welche an Höhe dem ersten Geschoße gleich läuft, ist ein Säulengang, der auf der einen Seite Kramläden hat. Der Säulen oder Pfeilern sind 10. In den Schlußsteinen der 9 Schwibbögen sind die 7 Wappen der Churfürsten und auf dem letzten die Jahreszahl 1681 zu sehen. … 1667 und 1764 ist der schadhafte Thurm reparirt worden. …

Auf diesem Thurm befinden sich Tag und Nacht Wächter, welche sowohl die Stunden nachschlagen, als auch aufmerksam sein sollen, ob nicht Feuer ausgekommen.

Johann Kaspar Bundschuh, Geographisches Statistisch-Topographisches Lexikon von Franken, Verlag der Stettinischen Buchhandlung 1799-1804, Band 4, Spalten 625 - 628.

Wilhelm Staudacher
*16.3.1928 in Rothenburg
†23.7.1995 in Rothenburg
Das Arbeiterkind wird nach der Volks- und Berufsschule ebenfalls Arbeiter; in der Freizeit belegt er in der Voklshochschule Kurse zur Literatur und Malerei. Er wird Angestellter der Stadt Rothenburg. Schließlich vertraut seine Heimatstadt ihm als Kämmerer die Finanzverwaltung an. 1951 veröffentlicht er „Märchen" in der Hochsprache. Nach 10 Jahren gesellt sich die Mundart-Lyrik dazu. Es folgen Mundart-Hörspiele und theoretische Abhandlungen zur Mundartdichtung. Anklang findet er weithin mit einem Singspiel. An Staudachers Versen zeigt Max von der Grün auf, „dass die Mundartdichtung nicht ein Anhängsel der Literatur, sondern gar ein wesentlicher Bestandteil ist."

Vom Burggarten zum Rathaus hin

Wilhelm Staudacher
Impressionen auf der Rathaustreppe (1978)

Sag einer etwas gegen Treppen! Sie haben es in sich, schon gleich wie diese hier in Rothenburg vor dem Rathaus. Sicher, es gibt größere Treppen, Monumente von Treppen sozusagen, Treppen von geschichtlicher Bedeutung, Treppen, die etwas aus sich machen. Treppen, die einen um so mehr erheben, je weiter man sie hinaufsteigt. Diese hier hat nichts von alledem. Sie fügt sich ein in das Ganze der Stadt, bleibt intim, nur eben, daß sie das Rathaus über sich hat, diesen prächtigen Renaissancebau, dem sie gewissermaßen etwas von der Erdenschwere nimmt, indem sie sich ihm vorlagert, einige Schritte in den Marktplatz hinein, sich von unten nach oben verjüngend.
Aber welche Treppe ist - im Verhältnis zu ihrer Größe - so bevölkert wie diese hier, sommers zum Beispiel, an einem ganz gewöhnlichen Werktag? Und erst sonntags! Freilich, man kann sagen, hier befindet sich der Marktplatz, das Rathaus, die Ratstrinkstube, hier laufen die Gassen der Stadt von allen Seiten zusammen, hier ist das Zentrum, hier schlägt, wenn man es metaphorisch sagen will, das Herz der Stadt. Das hat etwas für sich. Trotzdem: Die Treppe hat so etwas wie ein Eigenleben, eine Existenz aus sich heraus, einladend, freundlich, zum Bleiben auffordernd. Vielleicht ist es auch die Sonne, die hier einen Schimmer von mediterranem Licht auf den Platz wirft, ganz untypisch für diese hohenlohisch-fränkische Landschaft und schon gar nicht für diese verwinkelte, enggassige Stadt, in der das Licht nicht wie unter südlichen Himmeln überschwänglich gleißt, sondern in der man eher zuwenig als zuviel davon bekommt.
Das Intime der Treppe springt über auf die Menschen, es lädt ein zur Siesta. Zu liegen, zu sitzen, zu hocken, zu kauern ist hier erlaubt, Versunkensein in sich selbst auch, das Meditieren inmitten steingewordener Vergangenheit und zugleich umgeben von der Alltäglichkeit der Stadt. Niemand stört oder stößt sich daran.
Das Uniforme der Ununiformierten breitete sich aus in den letzten Jahren. Wie heißt es in Plenzdorfs „Die neuen Leiden des jungen W."? Jeans seien wahrscheinlich eine Einstellung und keine Hosen. Die Rathaustreppe sitzt nicht selten voll mit verwaschenem Jeans-Blau. So viele Jeans, so viele Einstellungen. Und die in den Jeans stecken, sprechen die Sprachen vieler Länder. Nur wenn alles durcheinanderspricht, hört es sich wie Kauderwelsch an. Partiell, von Stufe zu Stufe auf der Treppe getrennt, ist es Französisch, Englisch, Spanisch, Norwegisch, Schwedisch, Dänisch, manches klingt ähnlich für hiesige Ohren. Japanisch immer häufiger in den letzten Jahren, das gemächliche Schweizerdeutsch, und was alles noch mehr; die Mundarten natürlich auch: Schwäbisch, Niederdeutsch, das breite Bayrisch, das sinnliche Hessisch, nur selten noch Sächsisch.
Die Jugend pflanzt sich hin auf die Treppe, ungeniert, selbstverständlich, besitzergreifend, wo Platz ist. Es ist eine Lust, über die kantigen Stufen alle Viere auszustrecken, das Unbequeme zu genießen, eine kurze Frist lang. Die Rathausschwalben zischen zuweilen über die Touristenköpfe hinweg, ein wenig verwegen, respektlos, die Nester unter der Rathausaltane als Pfand für die Rückkehr. … Droben an der Ratstrinkstube, mit dem vollen Stundenschlag elf, zwölf, eins und zwei Uhr, öffnen sich zwei Butzenscheibenfenster. Legendäres beginnt sich abzuspielen, holzgeschnitzt der grimmige Feldherr Tilly, den Marschallstab hebend und senkend, und der trinkmutige Altbürgermeister Nusch. Dreizehn bairische Schoppen Wein sollen's gewesen sein, getrunken auf einen Zug. Die Zeit der Uhrenmechanik ist zu kurz für einen solchen Trunk.

Wilhelm Staudacher, MERIAN Rothenburg und das Taubertal, Hoffmann und Campe Verlag, Hamburg 1978, S. 21.

Der Marktplatz an einem Winterabend

Eugen Skasa-Weiß
Wintermärchen (1977)

Was mit Rothenburg ob der Tauber los ist, weiß bis Montreal und New York jedes Kind. Es ist eine übriggebliebene Kleinodientruhe voller Gotik, Brünnchen und Butzenscheiben-Hotels. Kaum hatten die Geister der Geschichte diese hoch über die Tauber hingestellte Truhe verlassen, stürzten die Schwärme der Welttouristik kopfüber in sie hinein.
Nur im Winter lassen sie das bleiben. Wenn Schnee auf die roten Titusfrisuren der Walmdächer fällt, schaut kaum ein Fremder zu. Im kalten Mondschein knackt das grobverzapfte Wehrganggebälk, das stockfinster herabdroht. Die Stegmühle im Taubertal ist wie von Dürer ins Schneeweiß hineingeritzt. Vom burggärtnerischen Laubengang fährt der Blick ungehindert an den harten Mauerflanken entlang und prallt - fast ist sein feines Klirren im Frost zu hören - gegen die hellgrauen, entlaubten, nur vom Schneelicht schattierten Bastionen neben dem Burgtor - was für eine Skizze für Radierer.

Hier schneit es nicht schlechthin - Frau Holle schüttelt ihr Bettfederngeflock noch persönlich über die Turmhauben. Was sie angerichtet hat, ist wohlig grotesk: die Statue der Wahrheit am Seelbrunnen trägt eine schräge Schlafhaube, dem Brunnenstein vor der Johanniskirche hängt ein blaues Eispolster über dem Knie, der steife Holzkragen über dem Herterichbrunnen ist fetzenweise gepudert.
Presslufthammer fluchen in das klamme Pflaster vor der Jakobskirche, die Riemenschneiders Heiligblutaltar unter Schneehimmeldämmer verbirgt. Die altnoblen Hotels schlafen unter pechschwarzen Augenklappen, dafür weht mir eine gestraffte Schweinsblase auf dem schmalen Gehsteig mitten ins Gesicht, metzelsuppenfroh. Die flachen Gärten unter der Wehrmauer frieren blank vor sich hin. Wegen der vereisten Plattform hinter dem Umlaufgitterchen darf der Rathausturm eigentlich nicht betreten werden - du könntest ausrutschen und 60 Meter tief aufs Pflaster klatschen.

Ächzend schraube ich mich hoch, Stiege um Stiege, unwillig knarren die Holzstufen meinem unverfrorenen Schleichen nach. Kaum habe ich mich in die Taubenschlagluke auf die Plattform gezwängt, möchte mich der Eiswind schleunigst in die Gasschächte hinunterblasen. Das Magnetische des Eislichts über dem grellweißen Dächergeschachtel ist unwiderstehlich. Schneewind und ziehender Schwindel lassen mich zwischen

den Türmen von St. Jakob Halt suchen. Sie sitzen wie Hyazinthenhütchen über den gotischen Turmhauben, der breit aufgerissene Graben der Herrengasse mit den gefrorenen Patriziergiebeln liegt jetzt hinter meinem Rücken, als tiefe Schlucht.

Eugen Skasa-Weiß, Ins Land der Franken fahren, Süddeutscher Verlag, München 1977, S. 100 - 101.

St. Jakobskirche

St. Jakob aus der Sicht prominenter Besucher

Abertausende betrachten, besuchen, bewundern alljährlich die Jakobskirche. Sie folgen darin den Prominenten, die in diesem Buch sich zu Wort melden. Hier trägt Florian Geyer die Bauernartikel vor; zweieinhalb Jahrhunderte vor der Französischen Revolution fordert er die Rechtsgleichheit aller Menschen. Jonas Ludwig von Hess vermisst in Rothenburgs Kirchen „besondere Merkwürdigkeiten". Einzige Ausnahme: der „Altar in der Jakobskirche, der die Einsegnung des Abendmahls darstellt". Der kritische Nachbar aus Ansbach, von Platen, sieht nur „einige herrliche Gebäude, zum Beispiel die Domkirche". Eduard Mörike, Pfarrer und Dichter, hält St. Jakob für das „köstlichste Denkmal des einstigen Glanzes der Stadt". Er bewundert „eine edle Bauart, die das Erhabene der großen Massen durch Zierlichkeit und Mannigfaltigkeit der Teile zu mildern und zu erheitern weiß". „Die Stiftskirche", so empfindet Carl Spitzweg, ist „groß wie die Sebaldkirche in Nürnberg". Im „Glück von Rothenburg" nennt Paul von Heyse die Jakobskirche „das eigentliche Münster"; er rühmt ihren „schönen gotischen Bau". Englischer Humor spricht aus den Worten Katherine S. Macquoids: „St. Jakob ist vornehm, aber uninteressant." Als Richter in Rothenburg urteilt Armin Knab: „Die Kirchen in Dinkelsbühl und Nördlingen sind schöner, aber keine ist so sehr Stadtkrone wie St. Jakob." Dass der Todessturz eines unglücklichen Baumeisters eine Wandersage ist, weiß Kasimir Edschmid zu berichten. In Rothenburg geschieht es so: Der Baumeister stürzte sich vom Südturm der Kirche, als er gesehen hatte, dass sein Polier den Nordturm schöner und besser ausgeführt hatte. Die Rothenburger jedoch wissen mehr: Dem Herrn springt der treue Hund nach. Und damit diese anrührende Geschichte nicht vergessen wird, sitzt in der Ecke, wo die Dachrinne des Chors auf den Südturm trifft, noch immer ein sprungbereiter, steinerner Hund mit Menschenantlitz.

Johannes R. Becher

*22.5.1891 in München
†11.10.1958 in Ostberlin
Johannes R(obert) Becher studiert Philologie, Philosophie und Medizin. Er gehört zu den Wortführern des literarischen Expressionismus, ab 1919 zu den Vorkämpfern des sozialistischen Realismus. Die Wende bringt der Eintritt in die KPD, die ihm zeitlebens Halt und Heimat ist. Über Prag und Paris emigriert Becher nach Moskau (1933). Dort leitet er als Chefredakteur eine Exilzeitschrift. Der Philosoph Georg Lukacs stößt ihn an, sich der Klassik zuzuwenden. Die Form des Sonetts bezaubert Becher. Das zeigen deutlich die Verse zu „Riemenschneider". 1945 kehrt er nach Ostberlin zurück. Er gründet den Aufbau-Verlag und die Wochenzeitung „Sonntag". Die DDR-Nationalhymne „Auferstanden aus Ruinen..." verfasst er 1949. Die Krönung seiner Polit-Karriere: Er wird erster Kulturminister der DDR. Zwischen West- und Ostdeutschland vermag er jedoch nicht zu vermitteln.

Der Rothenburger Altar (1968)

Ich hab' den Rothenburger Altar
Voll unserer Gesichter gesehen.
Ich sah daraus das Bild unserer Zeit,
Aus Holz geschnitten, erstehen.

Ich sehe Galgen und Kreuze darin
Und Blöcke zum Köpfefällen.
Es bricht aus dem Bilde das Blut heraus.
Es blutet an vielen Stellen.

Johannes R. Becher, in: Gesammelte Werke Bd. VII, Aufbau-Verlag, Berlin und Weimar 1968.

Die Stadtkrone St. Jakob

Riemenschneider (1966)

Als er eines Tags, vorübergehend,
Einen blindgestochenen Bauern sah,
Sagte er: „Ich mach dich wieder sehend!"
Und er schnitzte ihn aus Holz, das ja

Aus demselben Stoff war. Alle Lasten
Schnitzte er, die solch ein Bauer trug,
Ins Gesicht hinein, vom vielen Fasten
War um seinen Mund ein bitterer Zug.

Da das Werk für den Altar bestimmt,
Um zu zeugen und um anzuklagen,
Ließ den Bauern er die Kreuzlast tragen

Als die Fahne, die ihm keiner nimmt -
Und der Bauer, der geblendet war,
Sah mit großen Augen vom Altar.

Johannes R. Becher, Gedichte 1936-1941, Aufbau-Verlag, Berlin und Weimar 1966, Seite 81.

Hanswernfried Muth
*8.6.1929 in Würzburg
†10.1.2007 in Würzburg
Muth belegt Kunstgeschichte und Geschichte an der Hochschule. Ab 1969 leitet er die Städtische Galerie, die zur Plattform für zeitgenössische unterfränkische Künstler wird. Er sorgt für zahlreiche Ausstellungen. 1978 wird er zum Direktor des Mainfränkischen Museums berufen. In einer großen Ausstellung präsentiert er Tilman Riemenschneiders Frühwerke.

Da beginnt das Holz zu reden (1978)

Tilman Riemenschneider, „Bildschnitzer aus Würzburg", bricht mit einer alten Tradition. Er verzichtet auf Gold und Farbe und ersetzt sie durch eine bis dahin nicht erreichte Verfeinerung der Schnitzarbeit. Unter seinen Händen beginnt das Holz zu reden, gewinnen die Figuren eine eindringliche Gebärdensprache. Der Heiligblutaltar in Rothenburg ist sein Meisterwerk...

Riemenschneider stellt Figurenszenen in den Schrein, baut reliefartige Gemälde aus Rundplastiken, gleichsam lebende Bilder eines Passionsspieles. Zwar bewahrt die Gesamtanordnung die Form der spätgotischen Wandelaltäre; die Flügel aber stehen hier fest und tragen an den Außenseiten weder Schnitzwerk noch Malerei...

Aus der Tiefe des Gemeinderaumes gesehen wirkt der lichte, filigrane Aufbau wie eine kostbare gotische Monstranz, eine ins Große gesteigerte Goldschmiedearbeit. Die jüngste Restaurierung konnte ... jene monochrome, bienenwachsfarbige Oberfläche wiedergewinnen, die nach der Absicht Riemenschneiders die Schnitzarbeit in den feinsten Stufungen des Lichtes dem Auge nacherlebbar werden lässt. Zugleich wird der Materialcharakter des Holzes veredelt und verwandelt; man wird an Alabaster und Elfenbein erinnert. Jene kostbaren Werkstoffe, die spätgotische Bildhauer gern dort verwendeten, wo das Zierliche, das Pretiöse, das Übersinnliche sinnlich nachfühlbar werden sollte. Der Blutaltar, einzigartig unter den spätgotischen Schnitzaltären durch die ganz verinnerlichte, ganz ins Seelische gewandte Erzählung des letzten Abendmahles, entstand in den Jahren 1499 bis 1505 im Auftrag des Rothenburger Rates, um einer Reliquie des Blutes Christi eine neue würdige Fassung zu geben....

Diese Reliquie, Sinnbild der Passion Christi, ist auch das Leitmotiv des Altarprogramms. Angeschlagen wird das Thema bereits im Fuß des Gehäuses: Zwei Engel mit den Leidenswerkzeugen knien beiderseits der Aussetzungsnische; denn dort, wo heute ein Kruzifix die mittlere Rankenarkade füllt, stand einst die Monstranz mit dem „Fronleichnam", dem gewandelten eucharistischen Brot. Die Eucharistie aber nimmt ihren Anfang im Abendmahl Christi, das im Schrein verbildlicht wird, wobei die Flügelreliefs vom Einzug Christi am Palmsonntag in Jerusalem und von seiner Todesangst am Ölberg berichten: Freiwillig gibt sich Christus dem Tode preis. Über dem Schrein wird das Reliquienkreuz gerahmt von der Jungfrau Maria und dem Botenengel Gabriel, in der Verkündigung der Menschwerdung Christi ist seine liebende Hingabe um der Menschen willen, sein Opfertod bereits eingeschlossen. Der Schmerzensmann hoch oben im Gesprenge, ein „bild der Barmherzigkeit" nennt ihn der Vertrag, fasst die Symbolik des Altares im Andachtsbild nochmals zusammen.

Tilman Riemenschneiders Heilig-Blut-Altar

Für Riemenschneider aber stand das Geschehen des Abendmahles im Mittelpunkt seines künstlerischen Interesses. Ein „abentessen Christi Jhesu mit seinen zwölf boten" hatten die Auftraggeber verlangt. Riemenschneider wählt den dramatischen Augenblick, den uns das Johannesevangelium berichtet: „Wahrlich, einer unter euch wird mich verraten!" Judas tritt hinzu, den Bissen zu empfangen. Isoliert steht er in der Mitte der Szene. Christus, dem der Mittelplatz nach der Tradition zusteht, ist zur Seite gerückt, betont aber durch die Größe der Gestalt und durch eine Baldachinkonsole, die über seinem Haupte schwebt. Erregung und Ratlosigkeit haben die Apostel ergriffen, oder sie disputieren leidenschaftlich das Ungeheuerliche des Geschehens. Riemenschneider stellt dar, welche seelischen Reaktionen dieses Wort Christi auslöste. Der Apostel Philippus wendet sich aus dem Bild, dem Betrachter zu; so wird auch dieser einbezogen und zur Stellungnahme aufgefordert. Die Dramatik des Geschehens steigert Riemenschneider noch durch einen kühnen Kontrapunkt: Der Jünger Johannes schläft, das Haupt vertrauensvoll an der Brust des Herrn.

Hanswernfried Muth, Da begann das Holz zu reden, MERIAN, Hofmann und Campe Verlag 1978, S. 42 - 43.

Andreas Nohr

Vom Übermaß der Gnade über die Sünde (1998)

Wenn Christus hier aus der Mitte rückt, bleibt er dennoch selbstverständlich noch immer „positiv", allerdings ist nun die eigentliche „positive Mitte" frei für Judas - der allerdings selber damit nicht automatisch „gut" wird, denn ein „guter" Judas wäre so wenig vorstellbar wie ein „böser" Christus. Vielmehr bleibt Judas im Gegensatz zu manchen modernen „Judasdeutungen" der Verräter, der er ist, allerdings ist er nun aber als Bestandteil einer positiven Gesamtaussage zu interpretieren - welcher?

Schlüssel für eine solche Interpretation ist der … Jünger links neben Judas. Er öffnet die Szene keineswegs zum Betrachter hin; dieses geschieht eher mit Hilfe der durchbrochenen Rückwand, die dem Betrachter nämlich suggeriert, er stünde mit dem Geschehen in ein und demselben Raum. Stattdessen nimmt die linke Hand dieses Jüngers den Judas in eine Bewegung hinein, welcher die rechte Hand die Richtung weist: der deutliche Zeigefinger wie auch der Blick des Jüngers zeigen nach unten, auf den Altartisch. Dieser Bewegung entsprechend wäre das „Positive" des Zentrums etwa so zu formulieren: Judas, was immer er getan hat, Judas, der Verräter, sogar Judas also! - bleibt in diesem Altar einer, welchem an dem Tisch dort unten, auf den der Zeigefinger besagten Jüngers weist, neues Leben möglich wird. Es handelt sich also um einen Altar vom Übermaß der Gnade über die Sünde.

So etwa „spricht" also der Altar tröstend und „positiv": „Und wenn Du, der Du da unten stehst, selbst ein so schäbiger Kerl wie der Verräter Judas wärest, so gäbe es doch auch für Dich noch einen Platz am Tisch des Herrn, wie es einen solchen für Judas gab."

Judas wohl als Verräter, aber, ohne dies nun zu leugnen, hier erst einmal und trotz des sichtbaren Geldbeutels als armer und bemitleidenswerter Mensch, dem barmherzig und heilend sich zuzuwenden der zeigende Jünger nicht zuletzt auch die Kirche eindringlich mahnt. Riemenschneider, als Schöpfer dieser singulären Konzeption angesehen, muss demnach ein Mensch gewesen sein, dem auf die letzte „Nichtverworfenheit" des Außenseiters, von dem die Zeit reichlich aufzuweisen hat, hinzuweisen ein religiöses Anliegen war - womöglich würden wir heute Ähnliches mit der Mahnung zur dringenden Notwendigkeit von vielerlei „Wiedereingliederungen" ausdrücken - Riemenschneiders Auftraggeber haben ihm da übrigens nicht widersprochen oder sich zumindest doch seinen Argumenten oder seiner Beredsamkeit gebeugt.

Andreas Nohr, Riemenschneider, Zwölf Blicke für ein Gesicht, Verlag J.H. Röll, Dettelbach 1998, S. 84 - 86.

Das Übermaß der Gnade im Abendmahl

Elisabeth Petersen

Rothenburg: das Idealbild für Santiago de Compostela (1992)

Das namhafteste und bekannteste Zeugnis der Jakobusverehrung in der Kunst Frankens ist der Hochaltar der Jakobskirche zu Rothenburg ob der Tauber. Der prächtige Schreinaltar mit plastischen Bildwerken und bemalten Flügeln ist in der zweiten Hälfte des 15. Jahrhunderts entstanden. Die Gemälde der Predella sowie die der Innen- und Außenflügel hat der Nördlinger Maler Friedrich Herlin geschaffen. So liest man hinten auf der Mittelleiste des rechten Flügels: „Dies Werk hat gemacht Friedrich Herlin. 1466. Sankt Jakob bitt Gott für ihn." Unser Augenmerk gilt besonders den acht Tafelgemälden auf den Außenseiten der Flügel. Auf ihnen finden wir drei Szenen aus dem Leben des heiligen Jakobus und fünf Szenen aus dem Galgen- bzw. Hühnerwunder dargestellt: 1. Predigt und Gefangennahme des Apostels. 2. Enthauptung des Heiligen. Links im Vordergrund Herodes Agrippa. Im Hintergrund die Stadt Jerusalem und die Jünger, die den Leichnam auf ein Boot schaffen, das ihn nach Spanien überführen soll. 3. Auf einem von zwei Stieren gezogenen Karren wird der Leichnam des Apostels durch ein Tor in eine Stadt gebracht; im Hintergrund sieht man den Karren ein weiteres Mal, wie er vor der Kulisse der Stadt gerade in den Torbogen eines repräsentativen Gebäudes einfährt: Dort, wo die Jünger in Spanien an Land gehen, herrscht die Königin Lupa. Sie versucht, die Jünger mitsamt dem Leichnam des Apostels dadurch aus dem Weg zu schaffen, dass sie ihnen ein Gespann mit wilden Tieren anbietet, die ihn dahin tragen sollen, wo der Heilige begraben sein soll. Die Jünger aber schlagen das Kreuzzeichen und machen sie „sanft wie Lämmer". Daraufhin lenken die Stiere den Wagen von selbst in die Burg der Königin, die, durch das Wunder bekehrt, der Bestattung nun nichts mehr in den Weg legt, ihren Palast in ein Kloster umwandelt, gleichsam in die Keimzelle für die Wallfahrt nach Santiago de Compostela. Als Idealbild Santiagos hat Herlin hier Rothenburg gemalt, den Marktplatz mit dem Rathaus als Palast der Königin Lupa - ein für die Topographie des mittelalterlichen Rothenburgs wichtiges Dokument. 4. Eine Gruppe von Pilgern sitzt zu Tisch in einer Herberge, unter ihnen Vater und Sohn, die uns in den folgenden Szenen begleiten.

Der geschlossene Herlinaltar mit dem Heiligen und Fränkischen Jerusalem

Rechts versteckt der Wirt ein goldenes Gefäß im Gepäck des Pilgers. 5. Die Pilger setzen ihren Weg fort. Der Wirt lässt ihnen mit drei berittenen Häschern nachstellen, die in der Pilgertasche des Vaters das Gefäß finden. Der Sohn nimmt die vermeintliche Schuld auf sich. Im Hintergrund wird er am Galgen gehängt. 6. Die Pilger finden auf ihrem Rückweg von Santiago den Sohn - dank des Beistands des heiligen Jakobus - lebend und ziehen durch das Tor wieder in die Stadt ein. 7. Diese Tafel zeigt das sogenannte Hühnerwunder: Der herbeigerufene Richter stellt den Wirt zur Rede. Dieser spottet, der Gehängte sei genauso tot wie die Hühner, die sein Gehilfe gerade am Spieß über dem Kaminfeuer brate. Daraufhin flatterten die Hühner davon. 8. Der durch das Wunder entlarvte Missetäter wird gebunden zur Richtstätte geführt und an Stelle des Sohnes des Pilgers gehängt.

Der prächtige Schreinaltar des Herlin ist geöffnet

Dieses Werk Friedrich Herlins vereint Szenen aus dem Leben des heiligen Jakobus, der hier in mächtiger, rotgewandeter Gestalt mit der Muschel auftritt, mit Szenen der Wallfahrt zu seinem Grabe. Sehr lebendig und voller Bewegung sind die Begebenheiten erzählt, aufschlussreich und liebevoll im Detail durch die Schilderung von Landschaft und Architektur, Innenraum und Einrichtung. Hier sei auf die Tracht der Pilger verwiesen: Sie tragen feste Schuhe, Beinkleider (bei einem von ihnen unter die Knie heruntergekrempelt), knielange, gegürtete Gewänder, darüber einen ebenso langen Umhang mit den Zeichen Muschel und Pilgerstab, Pilgerta-schen, die meist auf dem Rücken hängen, Pilgerhüte mit Muschel (darunter zum Teil noch Mützen), dazu den hier mit einer eisernen Spitze versehenen Pilgerstab. Bei einem der Pilger hängt die Pilgertasche am Gürtel, andere halten einen Rosenkranz in der Hand.

Elisabeth Petersen, Jakobus- und Pilgerdarstellungen, Hrsg. Klaus-D. Kniffki, Jakobus in Franken, Echter Verlag Würzburg 1992, S. 66, 69.

JÜDISCHES ROTHENBURG

Rabbi Meir ben Baruch

Geboren 1230 in Worms,
gestorben am 27. April 1293 in Ensisheim (Elsass).
Der zwölfjährige Meir besucht die Schule des Würzburger Rabbiners, sechs Jahre später wechselt er nach Mainz. Zum Studium zieht es ihn nach Paris zu den berühmten Rabbinern Schm'uel ben Salomo und Jechiel. Dort wird er im Jahre 1242 Zeuge einer schrecklichen Bücherverbrennung. 24 Wagenladungen mit Thora- und Talmudrollen werden dem Feuer übergeben. Meir verletzt das so sehr, dass er ein Klagelied schreibt. Das wird bald so bekannt und berühmt, dass es in den Kanon der Klagelieder aufgenommen wird. Damit beweinen die Juden bis auf den heutigen Tag am jüdischen National-Feiertag die Zerstörung des Jerusalemer Tempels und die Vertreibung der Israeliten. Der Trauertag ist der 9. Aw, der nach unserem Kalender in den Juli oder August fällt. Meirs Klagelied ist getragen von der Sehnsucht nach dem Heiligen Land und der Heiligen Stadt, von der Liebe zur Thora.

Frage, im Feuer Verbrannte,
nach der Trauernden Wohl,
die zu wohnen verlangen
im Hof deiner heiligen Wohnung,

die schmachten im Staube der Erde
und leiden,
und verstört sind
ob des Brands deiner Rollen,

die verdürstet gehen
und ohne Glanz
und hoffen auf Tageslicht,
das über ihnen erstrahle und dir -

nach dem Wohle des stöhnenden Menschen,
der weinet, zerbrochenen Herzens,
immer klagt
um den Krampf deiner Wunden,
der Klage anhebt
wie Schakale und Strauße
und aufruft
zur bitteren Trauer um dich:

Wie ward die in zehrendem Feuer gegebene
vom irdischen Feuer verzehrt
und nicht verbrannten
die Fremden an deinen Flammen ...

Hilde Merz, Judaika im Reichsstadtmuseum, Schriftenreihe des Reichsstadtmuseums Rothenburg o.d.T., Museumsheft 3, 1993, S. 238 f.

Nach der Bücherverbrennung kehrt Meir nach Deutschland zurück. Schon bald lässt er sich in Rothenburg nieder, wo er über 40 Jahre wirkt. Aus allen Gemeinden Deutschlands strömen Schüler zu ihm. Sie nennen ihn MAHARAM, das heißt: unser Lehrer, der Rabbi Meir. Er wirkt vielfältig: vor allem als liturgischer Poet; außerdem ist er Tosafist, das bedeutet, er verfasst Glossen zum Talmud. Er gilt als höchster Dezisor im gesamten deutschsprachigen Raum; ihm ist es aufgegeben, bindende Entscheidungen bei der Auslegung religiöser Gesetze zu treffen. Er ist die oberste Berufungsinstanz bei Fragen, die die Lebensführung berühren - und zwar in Deutschland und in den angrenzenden Ländern. Anerkannt ist er als Schiedsrichter bei Streitigkeiten zwischen Gemeinden und ihren Mitgliedern. Er pflegt einen regen Schriftverkehr. Über tausend Responsen sind erhalten; das sind Schriftstücke, die Anfragen beantworten. Ihr Ziel ist es, normative Entscheidungen zu herbeizuführen. Anfragen kommen aus Deutschland, Österreich, Böhmen und Italien. Die Responsen befassen sich mit Grundeigentum, Erbschaft, Eheverträgen, Partnerschaft, Bürgschaft, Vermögensverwaltung, Gemeindeleitung, Besteuerung. In Rothenburg nimmt er zudem die Aufgabe des Richters, des Vorbeters und des Rektors wahr. Meir zählt zweifelsohne zu den bedeutendsten Persönlichkeiten, die in der Tauberstadt gelebt und gewirkt haben.

Das hebräische MAHARAM: unser Lehrer Rabbi Meir

Ludwig Schnurrer

Geboren 1927 in Dinkelbühl.

Bis zum Ruhestand unterrichtet Schnurrer am Rothenburger Reichsstadt-Gymnasium. Nebenberuflich leitet er mehr als 30 Jahre das Rothenburger Stadtarchiv. Dort berät und betreut er viele Wissenschaftler und Heimatforscher. Über 40 Jahre gibt er „Die Linde", die Heimatbeilage des Fränkischen Anzeigers, heraus. Aus seiner Feder stammen die Standardwerke „Rothenburg im Mittelalter" und das Dinkelsbühler und Rothenburger Urkundenbuch. Seine „Rothenburger Profile" stellen Persönlichkeiten aus verschiedenen Epochen vor. Sein Forschen im Archiv schlägt sich nieder in einer Vielzahl von Aufsätzen, die Rothenburger Geschichte und fränkische Landeskunde erhellen. Schnurrers Spurensuche belegt: Rothenburg ist nicht nur ein Kleinod, ein Schatzkästchen des Mittelalters. Auch die folgenden Jahrhunderte setzen wichtige Akzente.

Rabbi Meir – ob tot oder lebendig: ein Ausbeutungsobjekt des Königs (1997)

Warum warf der König den Rabbi (Meir) ins Gefängnis? - Das Leben der Juden in Deutschland war seit der Thronbesteigung Rudolfs von Habsburg immer unerträglicher geworden, nicht etwa durch die gelegentlichen Pogrome, wie sie für die Jahre vor 1286 allenthalben belegt sind. Daran waren die Juden allmählich gewöhnt. Es war vielmehr der Anspruch des Königs, die Juden als „servil camerae", als Knechte der königlichen Kammer, wie sie seit dem Hohenstaufer Friedrich II. bezeichnet wurden, in eine Art Leibeigenschaft des Reiches zu zwingen, sie zu reinen Objekten der Ausbeutung durch den stets rechnenden König zu machen und dadurch seine leeren Kassen zu füllen. Das war schlimmer als der Tod im Pogrom, das war ein Leben in völliger Abhängigkeit, das war das Ende jener relativen Freiheit, die sie bisher wenigstens in ihrem innergemeindlichen Leben genießen durften. Lieber die Ungewissheit des Exils in einem fernen Lande als lebendig tot zu sein als Sklaven des Königs! Daher die Auswanderungswelle, daher die Gefangennahme des Rabbi als wertvolle Geisel, als Garantie, dass nicht mehr Juden, wertvolle Ausbeutungsobjekte, das Reich verließen. Daher die Weigerung des Königs, Rabbi Meir nach Erhalt des Lösegelds zu entlassen - weil die Juden sich dagegen wehrten, diese Summe als regelmäßige königliche Steuer auf die Judenschaft anzuerkennen, denn das hätte Bestätigung der königlichen Ansprüche bedeutet, und Rabbi Meir selbst, der die gemeindliche Selbstverwaltung der Juden in so vielen seiner Responsa gestützt und gefördert hatte, konnte dies nicht wollen. So blieb er im Gefängnis, so harrte er aus, bis sein altersgebeugter Körper nicht mehr standhielt. - Am 27. April des Jahres 1293, nach über sechsjähriger Gefangenschaft, starb er in einem Verlies der Burg Ensisheim im Elsass.

Aber noch hielt das Schicksal ein makabres Nachspiel bereit: der Leichnam des Rabbis blieb in Ensisheim; die Bedingungen, die König Rudolf an seine Auslieferung knüpfte, blieben die gleichen wie beim lebendigen Rabbi, sie blieben unannehmbar für die Juden wie vorher. Jahre vergingen, König Rudolf starb. König Adolf von Nassau verhielt sich nicht anders, ein Jahrzehnt ging ins Land; König Albrecht, Rudolfs Sohn, bestieg den Thron, und dieser erst, und das auch sehr spät, fand sich bereit, den Leichnam oder das, was von ihm noch übrig geblieben war, einem Privatmann gegen ein hohes Lösegeld zu überlassen, denn dieses Geld konnte niemand als Judensteuer oder als verderblichen Präzedenzfall ansehen. Alexander ben Salomo Wimpfen, ein reicher Jude aus Frankfurt, war der Wohltäter. Man schrieb das Jahr 1306, 13 Jahre war Rabbi Meir schon tot, jetzt erst fand er Ruhe im jüdischen Friedhof zu Worms, seiner Geburtsstadt. Wenige Monate später starb auch Alexander ben Salomo, man ließ ihn auf seinen Wunsch neben Rabbi Meir begraben. Ein schlichtes Epitaph kündet bis heute von der Stelle, wo die irdischen Überreste des großen Rabbi bestattet sind und von wo aus die große Verehrung des Unsterblichen an ihm in alle Lande zog - bis heute besuchen Juden ihren Friedhof zu Worms, der alle Pogrome überstanden hat, und viele kleine Steinchen, die man nach jüdischer Sitte auf die Gräber legt, zeugen von der Liebe und Verehrung bis auf diesen Tag.

Ludwig Schnurrer, Rothenburg im Mittelalter, Verlag des Vereins Alt-Rothenburg 1997, S. 59 f.

Am Weißen Turm: das erste jüdische Viertel

E. W. Heine

Geboren 1940 in Berlin.

E(rnst) W(ilhem) Heine vertieft seine Studienfächer Architektur und Stadtplanung als Assistent an einer Technischen Universität. Ab 1968 arbeitet der Architekt über ein Jahrzehnt in Südafrika. Danach wählt ihn die Regierung von Saudi-Arabien als technischen Berater; sie überträgt ihm die Projektleitung beim Bau einer Trabantenstadt. Seine zweite Passion ist die literarische Tätigkeit. Er gibt ein Monatsmagazin heraus und gründet ein politisch-literarisches Kabarett. Seit 1986 frönt er nur noch dem Schreiben. Beliebt sind seine satirisch-makabren Miniaturen. Bekannt machen ihn Hörspiele, Vorträge, Romane, Theaterstücke und Drehbücher für das Fernsehen. Von seinem großen Interesse für Rothenburgs Stadtgeschichte zeugen die beiden Romane „Ein Mordfall im Mittelalter" und „Der Flug des Feuervogels".

Rabbi Meir - Rothenburgs Nathan der Weise (1990)

Bisweilen mochten die Alten die traurige Geschichte vom Rabbi Meir ben Baruch erzählt haben, der Rothenburg zum Jerusalem des Nordens gemacht hatte. Seine Talmudschule an der Tauber wurde mit der Universität von Paris verglichen.

Des Rabbis salomonische Weisheit wurde weit über Rothenburgs Grenzen hinaus gerühmt. Seine scharfsichtigen Gutachten und Auslegungen in Fragen des Rechtes und der Religion galten allen Juden als Richtschnur. Vierzig Jahre wirkte dieser Nathan der Weise in Rothenburg.

Als gegen Ende des Jahrhunderts die Lebensbedingungen für die Juden immer unerträglicher wurden, machte sich der Rabbi auf, um wie Moses zu seiner Zeit sein Volk aus der Gefangenschaft zu führen. Das Unternehmen missglückte. Der Rabbi wurde trotz der Verkleidung in Tirol erkannt und ergriffen. Sechs Jahre lang bis zu seinem Tod wurde der Siebzigjährige auf der Burg Ensisheim im Elsass gefangengehalten, weil er es gewagt hatte, König Rudolf um die Judensteuer zu prellen. Seine Leiche wurde für eine astronomische Summe an einen Wormser Juden verkauft, der dafür sorgte, dass der Rabbi auf dem jüdischen Friedhof in seiner Heimatstadt die wohlverdiente ewige Ruhe fand.

E. W. Heine, Toppler, Ein Mordfall im Mittelalter, Diogenes Verlag, Zürich 1990, S. 49.

Helmut Clahsen

Geboren 1931 in Aachen.

Seine jüdische Mutter ist Konzertpianistin. 1939 wird sie von den Nationalsozialisten ermordet. Helmut Clahsen und sein kleinerer Bruder finden Zuflucht im nahen Belgien. Von 1944 an werden sie abwechselnd in einem Kloster oder bei mutigen Privatpersonen versteckt. Nach dem Krieg erlernt Helmut Clahsen das Bäcker- und Konditorhandwerk, später macht er sich als Schauwerbegestalter selbständig. 1988 zwingt ihn ein Herzinfarkt zur Aufgabe seines Berufs. Der Frührentner beginnt zu schreiben. Seine Veröffentlichungen thematisieren das Schicksal der Juden in Deutschland. So auch das Buch, das Rothenburg zum Schauplatz hat. Es erzählt vom Schicksal der Juden, die seit Kaiser Otto II. im Status der „Kammerknechtschaft" lebten und durch Konzil von 1215 zu Gottesmördern erklärt wurden.

Ein jüdischer Wundheiler für Kirche, Adel, Bürger (2008)

Jechiel war Wundheiler und als solcher weit über Rothenburg hinaus bekannt und sehr geschätzt. Seine Fertigkeit bei der Behandlung von zum Teil üblen Wunden und komplizierten Brüchen versetzte die etablierten Ärzte oft so sehr in Erstaunen, dass sie ihm nachsagten, mit geheimen Mächten im Bunde zu sein. Sie gönnten dem Juden, der von Kirche, Adel und Bürgern gleichermaßen in Anspruch genommen wurde, den Erfolg nicht. Ob in Aub, Creglingen, Tauberzell, ob in Schillingsfürst, Colmberg oder Ansbach, überall in Franken kannten die Menschen den untersetzten, stämmigen Juden mit den lebhaften dunklen Augen, dem weißen Spitzbart und dem spitz zulaufenden, einem Turban ähnlichen, gelbblauen Judenhut auf den ergrauten Haaren. Diese Kopfbedeckung hatte Jechiel vor Jahren aus Spanien mitgebracht. Dort hatte er an verschiedenen muslimischen Universitäten studiert. Bei den Muslimen waren Wissbegier und Forschung keine ‚Sünden'. Den Studierenden waren keine durch Religionen vorgegebenen Grenzen gesetzt. Vor allem aber durften dort auch Juden ohne Einschränkungen und Diskriminierungen studieren.

Helmut Clahsen, „... indem sie Feuer entzündeten und töteten...", Helios Verlag- und Buchvertriebsgesellschaft, Aachen 2008, S. 22 - 23.

E. W. Heine

Die Rolle die Juden in der Stadt (1990)

Unter Toppler hatten die Juden in Rothenburg „Bürgerrecht" erhalten. Während in den meisten deutschen Städten die Juden in streng abgegrenzten Ghettos lebten, wurde in Rothenburg unter Toppler das Ghetto, das es seit der Stauferzeit hier gegeben hatte, abgeschafft. Die entehrende Tracht, die sie wie Dirnen, Schinder und Henker seit dem 11. Jahrhundert tragen mussten, war ihnen nicht mehr vorgeschrieben.
In der Judengasse, die sich vom Weißen bis zum Blauen Turm erstreckte, standen Häuser von Christen und Juden nebeneinander. Eine ganze Reihe der jüdischen Häuser stehen heute noch. Man erkennt sie an ihren rundbogigen Haustüren mit dem vergitterten Sehschlitz daneben. Welchen Einfluss der Bürgermeister Heinrich Toppler auf den Zustrom der Juden ausgeübt hat, verraten vor allem die Steuerbücher. 1374 geben sie zwei Juden an, von denen der eine erst gerade zugezogen war. Drei Jahre später werden schon neun steuerzahlende Juden aufgeführt. Und 1388 sind es bereits 30, die aus Nürnberg und Ulm eingewandert sind. Und wiederum sind es die Steuerbücher, die uns aufzeigen, wie wichtig diese Juden für die Stadt waren. Acht Familienvorstände der jüdischen Gemeinde zahlten jährlich 400 Pfund Heller an Steuern. Das machte ungefähr ein Zehntel des städtischen Steueraufkommens aus. Der Rest wurde von den über 1000 Haushalten der christlichen Bürgerschaft aufgebracht. Erst vor diesem Verhältnis wird ersichtlich, welch bedeutende Rolle die Juden in der Stadt spielten. Nach Konrad Wernitzer, dem Schwiegervater Topplers, waren zwei Juden die reichsten Unternehmer Rothenburgs. Einer von ihnen, Isaak Süßkind, ließ der Stadt in einem Jahr neben der Steuer von 1000 Gulden sogar noch eine Spende von 30 Gulden „zu unserem Bau" zukommen. Vermutlich war damit der Bau der Stadtmauer gemeint. …

Dennoch blieben die Juden in ihren Städten Fremdkörper. Sie hatten nicht nur ihre eigene Religion, ihre eigene Verwaltung, ihr eigenes Recht, sie lebten auch nach einem anderen Kalender, redeten in einer anderen Sprache, ihre Kinder besuchten eine andere Schule. Sie hatten ihre eigenen Brunnen, Bäder, Barbiere, Matzenbäcker und koschere Schlächtereien. Was die Christen aßen, wurde von den Juden verabscheut und umgekehrt. Wenn die einen fasteten, feierten die anderen. Was die einen verehrten, wurde von den anderen verteufelt. Sexuelle Beziehungen oder gar eheliche Verbindungen wurden von beiden Seiten unter Strafe gestellt. Wer weiß, was die da treiben in ihren Kulträumen, die noch niemand von uns betreten hat? Die Juden hielten die Christen für so unrein, dass sie glaubten, die Reinigungskraft ihres Ritualbades ginge verloren, wenn sich ihnen ein „Schweinefleischfresser" nur näherte. Die Christen trauten ihren jüdischen Mitbürgern allen Ernstes zu, sie würden Brunnen vergiften und Hostien schänden, weshalb es einem Juden bei Androhung der Todesstrafe untersagt war, sakrale Gegenstände, Weihwasser oder gar ein Kruzifix zu besitzen. Obwohl sie am gleichen Ort und zur gleichen Zeit lebten, bewegten sich Juden und Christen in zwei völlig verschiedenen Welten.

In Rothenburg allerdings fanden die Juden im späten Mittelalter bessere Bedingungen als in anderen deutschen Städten vor, weshalb diese Stadt, wie kaum eine andere eine besondere Anziehungskraft auf sie ausgeübt hat. Hier lebte der Oberrabbiner aller deutschsprachigen Juden, der Rabbi Meir ben Baruch. Die von ihm gegründete Talmudschule stand im Rang einer Universität. Die Juden waren hier wohlhabender als anderswo. Die Steuerlisten bezeugen es noch heute. Aber nicht nur die Juden, vor allem die Stadt profitierte von dieser lukrativen Symbiose. Es gehörte zu Heinrich Topplers Erfolgsrezept, dass er wie kein anderer auf dieser kapitalschaffenden Klaviatur zu spielen verstand, sowohl als Geschäftsmann wie auch als Bürgermeister.

E. W. Heine, Toppler, Ein Mordfall im Mittelalter, Diogenes Verlag, Zürich 1990, S. 75 - 76, 79 - 80.

Ein typisch jüdisches Haus in der Judengasse

Ulrich Rach
Geboren 1947 in Hof an der Saale.
Rach erlernt den Journalismus von der Pike auf. Der Mitarbeit bei etlichen nordbayerischen Zeitungen folgt schließlich die Ressortleitung für die „Metropolregion Nürnberg" bei den „Nürnberger Nachrichten". Zudem nimmt er einen Lehrauftrag für Printmedien an der Fachhochschule Ansbach wahr. Als fränkischer Liedermacher und Kabarettist macht er sich ebenfalls einen Namen. Für seine Gedichte wählt er oft die fränkische Mundart. Den Reingewinn aus dem Verkauf seiner Lyrikbände überweist er einem kenianischen Krankenhaus.

Bittere Seele, bittere Klage (2001)

„Mit bitterer Seele eine bittere Klage, weil wir vergaßen die ersten Verfolgungen. Um ihrer zu gedenken, meißelte ich auf eine steinerne Tafel die Märtyrer Rothenburgs ein, die getötet und verbrannt wurden, wegen der Einzigartigkeit Gottes."
Dieser Text ist auf einer drei Meter hohen bronzenen Säule vor der Blasiuskapelle im Rothenburger Burggarten zu finden. Er wurde von einem alten Gedenkstein übernommen und erinnert an ein Pogrom im Mittelalter, bei dem in der Stadt Rothenburg ob der Tauber 4469 Juden umgebracht wurden. Die Stele, die 1999 entstand, ist ein Mahnmal für Toleranz und Frieden. Und sie verdeutlicht auf drastische Weise, dass Vorurteile, Rassenwahn und Fanatismus in der Geschichte schon immer zu Hass und Gewalt führten - bis heute.
Wir gehen zurück zum Ende des 13. Jahrhunderts. Rothenburg ist eine Reichsstadt mit königlichem Landgericht und Privilegien. Die Juden - sie hatten als Geldverleiher die Funktion von Banken - waren rechtlich den Christen nur teilweise gleichgestellt. Ein Fünftel der Stadt bekannte sich zum mosaischen Glauben, wohl an die 500 Menschen. Die jüdische Gemeinde scharte sich um den Rabbi Meir ben Baruch, einen der bedeutendsten Schriftgelehrten jener Zeit.
Aber die Juden hatten Feinde, sehr viele Feinde. Sie wurden im Heiligen Römischen Reich Deutscher Nation mit Neid und Missgunst bedacht, diskriminiert, für Untaten und Katastrophen verantwortlich gemacht, sollten beispielsweise Brunnen vergiftet und die Pest ins Land gebracht haben.
In diesem Klima des Hasses zog ein Mann namens Rindfleisch, ein verarmter Ritter aus Röttingen in der Nähe von Rothenburg, mit einer marodierenden Meute durch Süddeutschland, stellte Juden nach, wo immer er konnte, und tötete sie. Nach blutigen Überfällen in Nürnberg, Bamberg, Windsheim, Neustadt/Aisch, Iphofen und 60 anderen fränkischen und schwäbischen Ortschaften kam der mordende Ritter am 12. Juni 1298 nach Rothenburg, wo er und seine Gefolgsleute zunächst 57 Juden meuchelten.
Einen Monat später, am 18. Juli, kehrte Rindfleisch mit seinem Trupp noch einmal in die Reichsstadt zurück. Und er machte dort erneut Jagd auf Menschen jüdischen Glaubens, vermutlich von Rothenburger Bürgern unterstützt, die darauf spekulierten, mit der Vernichtung der Juden ihre Schulden loszuwerden.

Ausschnitt aus Peter Nedwals Gedenkstele zum Progrom 1298

Die Buckelquader im Ostgiebel der Blasiuskapelle

Die Verfolgten flohen in die Burg. Sie hofften, hier Schutz durch das Landgericht und den königlichen Schultheiß zu finden, wie es ihnen auch zugesichert worden war.

Drei Tage dauerte die Belagerung. Dann nahmen Rindfleisch und seine Horde mit Hilfe des Rothenburger Pöbels die Burg ein und erschlugen mehr als 300 Kinder, Frauen und Männer. Weitere etwa 100 jüdische Bürger kamen in der Stadt um. Sie verbrannten, weil die Mörderbanden die Häuser anzündeten, in denen die Juden wohnten oder in denen sie sich angstvoll verschanzt hatten. Von 412 Toten berichten die damaligen Geschichtsschreiber. Die jüdische Gemeinde Rothenburgs war damit weitestgehend vernichtet.

Ulrich Rach, Fundort Geschichte Franken, Ausflüge in die Vergangenheit, ars vivendi Verlag, Cadolzburg 2001, S. 50 - 52.

Hermann Uhde-Bernays
Schaden-Freude bei der Vertreibung der Juden (1922)

Rothenburgs Bedeutung als Handelsstadt durch die Messe und die vier Märkte bewirkte den früheren Zuzug einer Menge jüdischen Handelsvolkes, dem der Rat neben dem Weißen Turm in der alten Stadt ein Sonderviertel anwies. Vor dem Turm befand sich das Tanzhaus, das erst nach der Vergrößerung der Stadt mit der bei der Vertreibung zerstörten und dem Judenkirchhof nördlich an das Ende des neuen Judenviertels verlegt wurde. Die Rothenburger Juden hatten bestimmte Steuern zu zahlen und Abzeichen zu tragen; rechtlich standen sie unmittelbar unter dem kaiserlichen Landvogt. An den Häusern, in welchen sie einst gewohnt haben, sind noch mehrfach Nischen zu sehen, in welchen die „Mesusah" angebracht war, und in einem Haus befindet sich das seltsam geformte Abbild eines Propheten in der Eingangswand. Als die Juden die Stadt verlassen hatten, da sangen die Rothenburger:

„Ein Reichsstadt an der Tauber leit
Ist Rothenburg genannt
Da haben die Juden lange Zeit
Getrieben große Schand
Mit Wucherei und scharfer List
Damit gar mancher Frummer
Zu Grund verdorben ist.
Nun hat niemand die Sach erkant
Bis itzt auf diese Stund.
Doktor Teuschel ist er genannt,
Alsbald es ihm ward kund.
Da feiert er weder Tag noch Nacht
Bis er mit seiner Lehre
Die Juden dannen bracht."

Mit dem Abzug der Juden gaben die Rothenburger höchst unverständig einen wertvollen Steuerzuschuss auf, da sie von jenen außer der Hälfte der Reichssteuer noch ein besonderes Opfergeld erhoben. Sie hätten bei ihren schwankenden finanziellen Verhältnissen diese leicht eingenommene Besteuerung gut brauchen können, nämlich da sie anfingen, in ihrer Lebensführung üppiger zu werden und neben den großen öffentlichen Bauten, die sie errichten ließen, neben den Brunnen, auf deren sorgfältige Anlage und künstlerisch schmuckreiche Verzierung sie auf einmal großen Wert legten, auch ihre Wohnhäuser gediegen und schön ausstatteten. Als eines der stattlichsten Denkmäler aus dieser Periode rothenburgischen Lebens betrachten wir vor allem das Baumeisterhaus, welches für Michael Hirsching bestimmt war, der im inneren Rat die baupolizeilichen Vorschriften zu geben und über bauliche Fragen zu berichten hatte, ohne jedoch Fachmann zu sein. Leonhard Weidmann war der Meister, der hier einen deutschen Renaissancebau edelster Art errichtet hat.

Hermann Uhde-Bernays, Stätten der Kultur, Bd. 4, Rothenburg ob der Tauber, 4. Auflage, Verlag von Klinkhardt & Biermann, Leipzig 1922, S. 86 - 87.

Oliver Gußmann

Geboren 1963 in Nürnberg.

Während seines Theologiestudiums und auch später als Pfarrer verbringt Gußmann prägende Jahre in Israel. Der christlich-jüdische Dialog schält sich als Leitmotiv seiner Arbeit heraus. Wohl deshalb promoviert er über den jüdischen Geschichtsschreiber Flavius Josephus. Als Touristen- und Gästepfarrer an St. Jakob lädt er immer wieder dazu ein, ihm auf jüdischer Spurensuche in der Stadt zu folgen. Aus diesem Forschen ist sein Buch „Jüdisches Rothenburg" entstanden.

Erst geachtet, dann verfolgt und vertrieben (2011)

1861 erhielten alle Juden in Bayern die Erlaubnis, den Wohnort frei zu wählen. In der Reichsverfassung von 1871 wurden jüdische und christliche Bürger schließlich staatsbürgerlich gleichgestellt. Die ersten Juden, die nach Jahrhunderten wieder in Rothenburg sesshaft wurden, waren im Jahr 1870 die Familien Heumann und Strauß aus Niederstetten. 1875 gründeten acht Familien eine Kultusgemeinde und beriefen als Religionslehrer Moses Hofmann aus Zeckendorf. Er wirkte über fünfzig Jahre in Rothenburg. Als er 1926 von allen Seiten hoch geehrt in den Ruhestand ging, zog er mit seiner Familie nach Würzburg und starb 1926. Die Gemeindegliederzahl wuchs bis 1910 auf einhundert jüdische Einwohner an (bei 8612 Menschen Gesamtbevölkerung in Rothenburg). 1933 war die Anzahl jüdischer Bürger wieder auf 45 gesunken. …

Die Rothenburger Juden waren (im 20. Jahrhundert) überwiegend Kaufleute. 1926 waren von 24 Händlern allein 14 Viehhändler. Es gab Textilienhändler, Lederwarenhändler, einen Metzger, einen Architekten und einen Religionslehrer. Der Vorsitzende der Kultusgemeinde Carl Wimpfheimer war beispielsweise auch Mitglied im städtischen Ältestenrat. …

Gewalttätig wurden die Nationalsozialisten in Rothenburg ab dem Jahr 1933. … Im März 1933 überfielen SA-Leute die Viehhandelsfirma von Josef Mann in Rothenburg und misshandelten seine Familie. Im April nahm man den jüdischen Lehrer Siegmund Marx in „Schutzhaft". Im August 1933 warf man dem jüdischen Lederhändler Leopold Wertheimer „Rassenschande" vor. Er wurde am Sonntag nach dem Gottesdienst von Mitgliedern des Freiwilligen Arbeitsdienstes aus einem Gasthaus geholt, verspottet und barfuß und mit Schildern behängt durch die Stadt zur Polizei und zum Gefängnis geführt.

Allein die Vorfälle von 1933 zeigen, dass das Gift des Antisemitismus die Zivilcourage und das Empfinden für Menschenwürde bei vielen nichtjüdischen Rothenburgern längst gelähmt hatte.

1937 und 1938 betrieb man systematisch die Ausweisung der jüdischen Bürger. Seit August 1937 hingen vier „Mahntafeln" mit antisemitischen Karikaturen des Malers Ernst Unbehauen für alle Besucherinnen und Besucher sichtbar außen an den Stadttoren. Und für das Rödertor stiftete der „Frankenführer" Julius Streicher eine Tafel, die Juden die Schuld für den Untergang von Völkern gab.

Im Mai 1938 veröffentlichte der Rothenburger Stadtarchivar Dr. Martin Schütz ein antisemitisches Heimatbuch mit dem Titel „Eine Reichsstadt wehrt sich". In dem Buch rief er zur erneuten Vertreibung der Juden nach dem Vorbild von 1520 auf.

Das Ende für die jüdischen Bürger kam am 22. Oktober 1938. Die letzten 17 Juden wurden vom NSDAP-Kreisleiter Steinacker aus der Stadt gewiesen. SA-Leute in Zivil und Hitlerjungen drangen in die Wohnungen ein und trieben die jüdischen Bürger in der Synagoge zusammen. SA-Leute schossen mit einer Festspielkanone, um sie in Todesangst zu versetzen. Schließlich wurde ihnen freier Abzug gewährt. Manche nahmen aus Angst die Nebenstraßen, um zum Bahnhof zu fliehen. Der Synagogendiener Samson Wurzinger schloss die Synagoge ab und brachte die Schlüssel zum Rathaus. Fünf Tage später feierte Rothenburg ein „Freudenfest". Noch vor der Reichspogromnacht (9./10. November 1938) wurde die Einrichtung der Synagoge zerstört. Manchem jüdischen Bürger gelang die Flucht aus Deutschland, andere starben in Konzentrationslagern.

Oliver Gußmann, Jüdisches Rothenburg ob der Tauber, Verlag Medien und Dialog, Haigerloch 2/2011, S. 24 - 31.

Sprache und Mentalität – Wie Franken denken, sprechen und handeln

Ludwig Thoma
*21.1.1867 in Oberammergau
†26.8.1921 in Tegernsee
Thoma wächst in einem Forsthaus auf. Mit sieben Jahren verliert er seinen Vater. Schon als Gymnasiast wehrt er sich gegen Scheinautorität. Er studiert ein Jahr lang Forstwissenschaft, dann sattelt er auf Rechtswissenschaft um. Seine Rechtsanwaltskanzlei ernährt ihn sechs Jahre lang. Ab 1899 versorgt er den Simplicissimus mit bissigen Beiträgen. An Beliebtheit haben auch heute noch nichts eingebüßt: die „Lausbubengeschichten", „Der Münchner im Himmel" und die Briefe des Abgeordneten Filser. Der gelernte Jurist macht die einfachen Leute literaturfähig: die Armen und insbesondere die Bauern. Der Satiriker geißelt die Doppelmoral; aber er lässt sich „Doktor Ludwig Thoma" nennen, obwohl er seine Doktorarbeit nie abgegeben hat. Unrecht, ja unerträglich sind in Thomas letzten Lebensjahren die antisemitischen Parolen und die antidemokratische Polemik.

Wundervolle Haustüren - In Detwang: ein Kunstwerk, heute nicht schöner zu machen (1909)

München 13.3.09 - Mein lieber Nazi, liebe Helene
Recht schönen Dank für Deine Karte. Selbstverständlich lasse ich den Caro oder „Simpl" wie ich ihn heiße nach Tegernsee bringen. Hoffentlich taugt er was. Nemlich vorgestern habe ich Bertha in Rothenburg besucht & und bei ihr einen prachtvollen Salz & Pfeffer Schnauzl gesehen. Das gescheidteste Hundl, was man sich vorstellen kann. Ich habe mir sofort einen bestellt. Das wär auch ein Hundl für Dich. Gescheidt, Kinderwächter, scharf & doch kreuzlustig, Halbhund. Also in Rothenburg, das war gelungen. Nemlich seit Sonntag 7. März habe ich meine Heiserkeit weg (was Du Lautenschläger sagen sollst. Radikal weg), ich habe aber doch Katarrh in mir gehabt & dachte, besuchst einmal die Bertha zur Luftveränderung. Es war sehr nett. Bertha ist eine ruhige, heitere & fleißige Frau geworden, lebt sehr glücklich & hat alle Jungferndummheiten abgelegt. Ein Segen, sag ich Dir. Ihr Mann ist so, dass Du Dich schief lachen könntest. Sehr brav, aber ein Spießer & ein Frank! Er sagt immer „Berschla" ich mich' (mache) u.s.w. Wie ich mir die wundervollen Hausthüren in Rothenburg anschaute (die schönsten Renaiss. & Barockmuster) ließ er mich keinen Augenblick in Ruhe & zeigte mir bald einen Hotelier, bald einen Magistratsrath, der vorbeiging. „Da schau hin. Da ist der Bloß, der Herr Karl Bloß. Das Berschla war zuerscht Koch im Strauß in Närnberch, hernach war er Oberkellner im Grüne Baum in Wiesbaden, hernach is er zweiter Chef geworden im Kurhotel in Ems, & jetzt hat er selber a Hotel. Das Berschla hat Geld gemecht." ...
Mei Liaba! Aber dann bin ich ausgekratzt, obwohl mir Rothenburg großartig vorkam. In Dettwang habe ich den Riemenschneideraltar gesehen.
„Es ist so e Art Kunstwerch", sagt der Zurwesten, „ich glaab, dass m'r des heut aach net schöner mecht." Aber für uns zwei habe ich was Praktisches gesehen. Nemlich ein ausgezeichnet angelegtes Treibhaus, mit Luftheizung, die durch einen Kessel gespeist wird. Das Treibhaus von Zurwesten hat 3 Abteilungen (Kesselraum & zwei ineinander gehende Treibhäuser) ist da 8-10 m lang, ca. 3 ½ m breit u. die Scheitelhöhe des schiefen Glasdaches wird auch 2.60 haben. Die Temperatur ist sehr leicht zu regulieren auf jeden Grad, durch einen Mechanismus sind alle Dachfenster zu öffnen. In jedem der beiden Treibhäuser sind 3 aus Beton hergestellte große Behälter, die oben mit Erde gefüllt sind, & durch die Heizröhren laufen.
Das ganze große Treibhaus mit Heizanlage & allem kostet wie es steht, 5000 Mk. Man kann auch kleinere & entspr. billigere haben. Zurwesten besorgt mir den Katalog der Firma, welche diese Anlagen herstellt. Wenn Du event. darauf reflektierst, schreibe mir. Es kommt billiger & ist unvergleichlich besser, als Anlagen, die man z.B. in Dachau oder Tegernsee sich machen lassen kann.
Wahrscheinlich lasse ich mir eins liefern.
Jetzt habe ich Dich lang genug aufgehalten & danke Dir noch herzlich & der lb. Helene für eure lb. Aufnahme in Berlin.
Auf baldiges Wiedersehen Euer Ludwig

Ludwig Thoma, Taschner Ignatius, Eine Bayerische Freundschaft in Briefen, herausgegeben und kommentiert von Richard Lemp, R. Piper & Co Verlag, München 1971, S. 116 - 118.

Das Rathausportal: wundervoll, reich geschmückt

Eugen Skasa-Weiß
Typisch fränkisch (1971)

Unproblematisch selbstzufrieden

Sie (die fränkischen Leute) sind, wie Heuss bemerkt, „auf unproblematische Art mit sich selbst zufrieden", Realisten ohne Träumerei, entzündbar, nüchtern, aber nicht schüchtern und in zugreifender Weise aktiv, was verwitternder Selbstzufriedenheit so herb entgegensteht wie das Umherstreichen unbequemer Geister, die - so Ernst Penzoldt - Gott in seiner Vorsicht erschuf, damit die Welt nicht stille stehe." (S. 14)

Stadtpatriotische Schlauberger

Die Rothenburger wehrten die Münchner Attacke auf ihre gotische Wehrmauer mit stadtpatriotischer Schläue ab. Da die behauenen Steinquader zu billigem Haus- und Straßenbau herhalten sollten, erstellte der Stadtbaumeister dem Münchner Abgesandten im Handumdrehen eine turmhohe Kostenrechnung für Abbrucharbeiten und Fuhrlöhne. Das verdarb die Freude am Einsäckeln fränkischer Bausteine so gründlich, daß der Säkularisator ernüchtert zum Rödertor hinauskutschierte. Die Rothenburger Wehrmauer, nach den Bombenüberfällen im Zweiten Weltkrieg wieder geflickt, steht heute noch. (S. 20)

Altbayern und Franken

Doch man kam sich näher, hin und her. Ludwig Thoma ließ sich von Ignatius Taschner, dem Bildhauer aus Kissingen und Lohr, sein Haus in der Tuften entwerfen. „Sein Leben und seine Kunst haben mir alles gegolten", bekannte der Altbayer, der ein berlingestähltes Herz besaß, zu Bismarck aufblickte und als „Peter Schlemihl" im Simpl Satirisches reimte. Auf bayerische Schlemihle aber sind herabgeschneite Franken und Schlawiner angewiesen; der zugewanderte Franke Hugo von Habermann wurde um die Jahrhundertwende, als Lenbach neben dem Prinzregenten regierte, Münchens begehrtester Porträtist. (S. 23 - 24)

Unter dem Dreispitz ein schwäbisch-fränkischer Dialekt

Spitzweg empfand Rothenburg noch ganz naiv als „gothisch-schwäbisches Nestchen", vernahm aber deutlich den schwäbisch-fränkischen Dialekt unter den bäuerlichen Dreispitzhüten.

In diesem Nestchen setzt die Spatzengasse den Spätzle, die ein einheimischer Gerber seinem schwäbischen Weib gnitzig in die Schüssel zählte, ein Denkmal. Mit dem jährlichen Schüsselfest der „Spatzenfütterung" beim Spatzenwirt beweisen die „Spatzen" dem schäbigen Gerber, daß die Rothenburger zu tafeln verstehen, ohne Spätzle oder Knödel nachzuzählen. Seit dem 14. Jahrhundert sandten sie die Reichsküchenmeister mit heraldischem Nudelholz und Hackschlegel an den

Kaiserhof. Der „Eisenhut" wurde das rothenburgische Ritz, in diesem Nestchen gewann der in Regensburg geborene, im echten Ritz als Pikkolo praktizierende Schriftsteller und Hotelier Ludwig Bemelmans seine frühesten Bonvivant-Impressionen, dort rührt der Fernsehkoch Adam immer noch in Kupfertiegeln.
(Adam - der erste Fernsehkoch der Bundesrepublik, S. 62.)

Typisch fränkisch

Der zum fränkischen Dichter ernannte Westfale Martin Doerdelmann stand nach einem Brand seines Hauses bei Rothenburg über Nacht vor dem Nichts. „Was sich danach tat", schrieb er seinen Freunden, „spottet jeder Beschreibung! Wir wurden überschüttet von nachbarlichen Hilfsaktionen! Uns völlig Unbekannte beschenkten uns mit Hausrat, Kleidung, ja mit kompletten Betten und der dazugehörigen Wäsche - wir waren überwältigt, wir mußten zum Schluß sogar bitten, doch zu bedenken, daß es unmöglich sei, in unserem einzigen Raum - wir hausten darin zu vieren! - noch mehr unterzubringen. Es war (und ist) zum Heulen schön! Ich scheue mich nicht zu behaupten, daß das typisch fränkisch ist, und in meiner Heimat in solchem Ausmaß nicht denkbar wäre - und käme jemand auf den Gedanken, etwa zu sagen, das sei halt Provinzlerart, dann kann ich nur antworten: solcherart Provinzialismus stünde den eingebildeten Metropolen weiß Gott nicht schlecht zu Gesicht." (S. 182)

Eugen Skasa-Weiß, Deutschland deine Franken, Hoffmann und Campe Verlag, Hamburg 1971.

Die Musikanten vom Markusturm

Bernhard Doerdelmann
*18.1.1930 in Recklinghausen
†1.8.1988 in Rothenburg o.d.T.
Bei Doerdelmann findet sich ein breites Spektrum literarischer Tätigkeit: er agiert als Kritiker für Theater, Tanz und Musik, als Mitarbeiter bei deutschsprachigen Zeitungen des Auslands, als Rundfunk- und Fernsehautor, als Lyriker, aus dessen Feder zahlreiche Gedichtbände stammen, als Herausgeber einer Mundart-Reihe und einer Hiroshima-Lyrik, die aus dem Japanischen übersetzt worden ist, sowie als Lektor und Verlagsdirektor.

Typisch Kleinstadt - typisch Provinz (1974)

Kultur in einer kleinen Stadt - das klingt nach Heimattümelei, nach schlechtem Gesangverein, nach Laienspiel, kurzum: es klingt nach Provinz. Aber Provinz - was ist das eigentlich? Wirklich nur Hinterland und Ausbeutungsobjekt der Metropolen? Üben diese einen Machtanspruch aus, der ihnen nicht zusteht? Es sieht so aus, und dafür ein eklatantes Beispiel: Während die Staatstheater in den Metropolen sich finanziell so gut wie alles leisten können, während die Kulturorchester der großen Städte kostendeckend subventioniert werden, nagen die Provinztheater am Hungertuch, und den Kulturorchestern in der sogenannten Provinz wird zuweilen gar die winzige finanzielle Unterstützung noch entzogen, obwohl diese Institutionen eine weitaus größere kulturelle Aufgabe zu erfüllen haben und nicht wissen, wie sie sie erfüllen sollen…
Kultur in einer kleinen Stadt muß keineswegs provinziell sein, aber sie es nur zu oft. Die Einwohner sind meist allzu genügsam und bequem. Sie sind nur zu leicht bereit, auf ein wertvolles Stück eigenen Lebens und Erlebens zu verzichten. Dieses Desinteresse beweisen die meist fast leeren Säle bei Theater- oder Konzertgastspielen, Kunstausstellungen und Vorträgen. Man hält sich ans „Pantoffelkino" und wird immer träger und träger. Das bestreiten zu wollen wäre barer Unsinn…
Kultur in einer kleinen Stadt … wirkt sich zuweilen besonders im Nebeneffekt aus: Viele namhafte bildende Künstler und Schriftsteller haben den Metropolen den Rücken gekehrt und sich „aufs Land" zurückgezogen; nicht allein, um der Hektik des Kulturbetriebes zu entkommen, vielmehr deshalb, weil sie mehr und mehr erkannt haben, wo die Quellen ihres Schaffens zu finden sind. Ich will es vermeiden, aktuelle Namen zu nennen und dadurch Gegenwärtiges zu lokalisieren. Deshalb greife ich auf ein klassisches Beispiel zurück - auf Weimar, wo der Geheimrat von Goethe Minister war, wo nach ihm so bedeutende Künstler wie Peter Cornelius und Franz Liszt arbeiteten und viele andere auch. Weimar war seinerzeit eine Kleinstadt; aber mit höchstadeliger Förderung konnte es damals zu dem Kulturzentrum Deutschlands werden. Zwar sind diese Zeiten vorbei, zwar ist die Provinz immer mehr zur Provinz geworden - teils „dank" der Mithilfe der Metropolen; aber das müßte nicht so bleiben. Man könnte neben der Aktivierung heimischer Kräfte, die ungemein wichtig wäre, nach und nach zunächst solche aus dem Umland, später aus der „großen Szene" heranziehen. ….
Kultur in einer kleinen Stadt kostet Geld, relativ viel mehr als in den Metropolen. Aber die Zielstrebigkeit, ohne Engstirnigkeit betrieben, zahlt sich letztlich aus. Beweise dafür gibt es schon, nicht viele zwar, genug jedoch. Der gut geplante, keineswegs schnelle Aufbau eines Museums für moderne bildende Kunst in geeigneten und entsprechend vorbereiteten Räumen etwa wäre ein Beispiel. Regelmäßige Dichterlesungen sind ein anderes. Und wo die Möglichkeit gegeben ist, sind in weiterem Umkreis publik gemachte Kirchenkonzerte ein drittes Beispiel. Alles aber erfordert die Unterstützung der sogenannten „Öffentlichen Hände" - und der Plural steht hier nicht versehentlich! Denn die kleinen Städte haben gerade in diesen Jahren enorme kommunale Aufgaben zu erfüllen. Das reicht von der Altstadtsanierung bis zum forcierten Umweltschutz. Die Kulturetats sind klein, zu klein, und zweifellos könnten manche größer sein. Das aber sollte die Kultusministerien nicht ihrer inneren Pflicht entheben, hier helfend einzugreifen, wirksame, angemessene Finanzspritzen zu geben. Ein wenig mehr Bescheidenheit in der Prunksucht der Metropolen würde manche Mark freimachen für die sogenannte Provinz, von der die Metropolen letztlich leben.

Bernhard Doerdelmann, Reichsstadt-Jubiläum 1274-1974 Rothenburg ob der Tauber, Verlag Fränkischer Anzeiger 1974, S. 35 - 36.

Ein Idyll: typisch Kleinstadt

Robert Beichhold
*1809 in Döhlau bei Hof
†27.7.1879 in Rothenburg
Es überrascht wenig: Des Pfarrers Sohn studiert Theologie und Philologie. Dass er noch ein Zweitstudium - Medizin - absolviert, hat wohl mit der ganzheitlichen Sorge um den Menschen zu tun. Der Vater wird als Dekan und Distrikts-Schulleiter nach Dinkelsbühl versetzt; der Sohn folgt dorthin als praktischer Arzt. Einige Jahre später ist er bereits als Spitalarzt tätig. 1853 befördert ihn der Staat zum amtlichen Gerichtsarzt und überträgt ihm das Physikat Greding. In das größere Physikat Rothenburg wird er zwischen 1856 und 1861 versetzt. Hier erstellt er 1861 den Physikatsbericht. Der königliche Gerichtsarzt hat einen vorgegebenen Fragenkatalog zu beantworten. Damit gibt er gründlich Auskunft über Topographie (Lage des Bezirks, Klima, Bodenverhältnisse, Botanik u.a.) und Ethnographie (Charakteristik der Bevölkerung, Wohnverhältnisse, Beschäftigung, Ernährung, Kleidung, Feste, Hygiene u.a.). Mit den Berichten aller Bezirke will das bayerische Innenministerium die Lebensbedingungen in Bayern verbessern und die Sterblichkeit senken.

Fast täglich Sauerkraut – und was die Franken sonst noch auftischen (1861)

Die Nahrungsweise der Bewohner der Stadt und auf dem Land ist durchaus eine gemischte, eine animalische und vegetabilische. Das Frühstück besteht in fast allen Ständen der Stadt und bei den Meisterleuten auf dem Lande in Kaffee mit Milch und Brot, und nur das Gesinde bekommt eine Brot-, Milch- oder sog. milchgeschmolzene, d.i. aus Wasser mit Milch übergossene Suppe.

Das Mittagessen in der Stadt ist Suppe mit Gerste, Reis, Grieß, Nudeln, frisches Rindfleisch abwechselnd mit Gemüse, einen oder zwei Tage in der Woche Sommer und Winter Sauerkraut mit Schweinefleisch, und einen Tag wöchentlich eine Mehlspeise; abends meist Suppe oder auch Kaffee, selten Fleischspeise, wenn nicht Würste.

Auf dem Lande aber wird nur selten frisches Fleisch verbraucht, und Rindfleisch außer an den Kirchweihen, wo in jedem Bauernhause selbst geschlachtet wird, kommt nur in Krankheitsfällen in das Haus. Winter wie Sommer besteht die Hauptfleischnahrung aus gesäuertem oder geräuchertem Fleische von selbst gemästeten und um Martini, die Weihnachts- und Fastnachtszeit geschlachteten Schweinen, und fast täglich Sauerkraut. Abwechselnd Mehlspeisen wie Klöße, gebackene Nudeln mit gekochtem Obst, und abends Suppe mit Kartoffeln und Brot. Dabei wird in der Stadt und auf dem Lande noch dazwischen gevespert und hiebei Brot mit Butter oder Obst verzehrt.

Die Nahrungsweise der Städter ist somit eine ganz geregelte, dem Körper zuträgliche und gesunde; die der Landbewohner läßt zwar zu wünschen übrig und namentlich den Mangel an frischem Fleische beklagen, allein trotz dem gesäuerten Fleische und häufigem Genuß von Sauerkraut lassen sich daher rührende Übel nicht bemerken. Im ganzen ist die Nahrung eine sehr reichliche, ihre Zubereitung eine sehr gute und reinliche.

Der Mangel an gutem Trinkwasser, es ist durchaus hart, und der doch um die Stadt und im Taubertal ziemlich häufig angebaute Weinstock, der nicht unbedeutende Obstbau geben Veranlassung, daß fast in jedem Hause Wein oder Obstwein zu treffen ist und als gewöhnliches Getränke auch den Dienstboten auf dem Lande zur Erntezeit nach bestimmter Quantität gegeben wird. In der Regel wird selbst gekaltert. Branntwein wird nicht häufig getrunken. Bier aber, das sonst von hiesiger Stadt in großen Quantitäten, wohl auch jetzt noch, ausgeführt wird, ist doch das allgemeine und Hauptgetränk und wird vom Städter und der Landbevölkerung als gewöhnlicher Nachttrunk geliebt.

Die Ernährung der kleinen Kinder im ersten Lebensjahre ist und wird immer mehr eine natürliche, vernünftige. Die meisten Mütter stillen ihre Kleinen, nur leider auf dem Lande zu lange, bis 1, auch 1 ½ Jahr; zur etwa noch nötiger Nahrung wird geriebenes Milchbrot, auch Zwieback, mit Milch gekocht, verwendet und nur selten mehr auf dem Lande in armen Familien kommt der Mehlbrei noch in Gebrauch.

Robert Beichhold, Medicinische Topographie und Ethnographie des Physicatsberichts Rothenburg o.d.T. Jahrbuch des Vereins Alt-Rothenburg zum hundertjährigen Jubiläum, Verlag des Vereins Alt-Rothenburg 1998, S. 240-241.

Mittelalterliches Lagerleben

Die Poeten aus Rothenburg

Wilhelm Staudacher
Späetoebeds (2003)

Durch d'Stood.
Die Trottwar
sin hochklappt.
Hinter die Fensterscheibe
flackert's Fernsehliecht
Schaufensterscheibe
Verdunkle si nacheinander.
E Katz huscht
Über d'Stroeße
Nei en finstere Winkl.
Aus en Wirtshaus
Stolpert e Bsuffier.
Die Noocht
Verdaalt am Himml
Die Stäere
Jedn Oebed

Anita Bone-Czerniejewski und Gunter Haug,
Tauberblau Gmeiner-Verlag, Meßkirch 2003, S. 55.

Wilhelm Staudacher
Me Roedeburg (1981)

Wenn I als durchs Städle gäeh
Und schau mir d'Haiser ou,
Wie's in die Gäßli dinne stäeh,
Aans noch out andre drou,
Wenn I als von dr Dauwer drunt
Naufschau zu Stood in d'Häeh
Und siech I's vo dr Englsburg,
Und sie ist grad sou schäe,
Und wenn I nauf'n Duere steig
Und schau uffs Städle noo,
Und schein die Sunne noch dräue
Warm uff die Dächer roo,
Doe siech I ieberol, wie reich,
Wie schäe's ist, durchedurch:
Me Haametstood: die altvertraut,
Me aanzis Roedeburg.

Steffen Radlmaier, Beschaulichkeit und Engagement,
Die zeitgenössische Dialektlyrik in Franken,
Bayerische Verlagsanstalt, Bamberg 1981, S. 67.

Gertrud Schubart
Mei Nächtlis Roetheburch (1967)

Wenn i durch dustre Gasse gäh,
durch die alte,
wu mer mant,
daß d' Haiser ball zammstorze
und dr Mond
zammducksIti Dächer
beleicht, -
wu e holpris Pflaster
men trii widergit, -
noe waaß i, doe bin i drham.

Wenn i die Brunne
mit dr Noocht plaudre her
und sech die Stäre und Tuere
in Wasser drin leche,
wenn i Butzescheiwe ouguck,
wu si dr Mond drinne fengt,
und Erker
wu si mit Geranie schmicke,
noe waaß i, doe bin i drham.
Wenn i auf dr Mauer laaf,
die si schitzed um d' Stodt leicht
und her in Wind aus die Fuche
vo den alte Gmaier drzeihle,
sech die Noochtveichl
um die alte Tuere kreise,
här wie die Stundeschleech
in die Gasse falle, -
noe waaß i, doe bin i drham....

Gertrud Schubart, Sou reide mir, Rothenburger Gedichte, Hegereiter-Verlag, Rothenburg 1967, S. 10.

Feste Feiern

Vor dem Meistertrunk-Festspiel

Rainer Maria Rilke
*4.12.1875 in Prag
†29.12.1926 in Valmont bei Montreux

Mit 19 Jahren stellt der Schüler seinen ersten Gedichtband vor. Dem Studium der Kunst- und Literaturgeschichte schließt Rilke ein Philosophiestudium an. Er bereist mit der Schriftstellerin Lou Andreas-Salomé Europa. In Russland begegnet er Leo Tolstoi, in Paris wird er zeitweilig Rodins Sekretär. In der Künstlerkolonie Worpswede lernt er schließlich seine Ehefrau, die Bildhauerin Clara Westhoff, kennen. Zu seinen Freunden zählen viele Künstler und Schriftsteller: Otto Modersohn, Paula Modersohn-Becker, Jakob Wassermann, Detlev von Liliencron, Felix Salten und andere. Rilke gilt als herausragender Vertreter deutscher Lyrik im 20. Jahrhundert. Viele Komponisten haben seine Texte vertont, vor allem Alma Mahler, Alban Berg, Arnold Schönberg und Paul Hindemith.

Der Meistertrunk (1976)

*Der Tilly kam mit Mord und Brand,
zu strafen und zu rächen,
der Städte frechen Widerstand
mit fester Hand zu brechen.*

*Daß er ein Schwert, ein gutes, trug,
das fühlte, wer entgegen
ihm trat; denn keinen Widerspruch
erduldete der Degen.*

*Drum zauderten die Städte nicht,
sich willig zu ergeben;
denn Tilly hielt ein Blutgericht
streng über Tod und Leben.*

*Wer nur ein kühnes Wort gesagt
in jenen schweren Tagen, -
der wurd nicht lang herumgefragt,
dem ging es an den Kragen.*

So kam er auch vor Rothenburg,
dort fand er Widerstreben.
Es schlug sich schon zehn Tage durch
und wollt sich nicht ergeben.

Da dacht er: „Wohl, ich mach ein End,
der Herrgott mög uns schirmen."
Und ließ vom besten Regiment
die starken Mauern stürmen.

„Den drinnen mach ich's heut noch klar"
hat zornig er gesprochen,
und wirklich, schon eh's dunkelt, war
der Widerstand gebrochen.

Und hin ritt er zum Rathaussaal
durch die geleerten Gassen,
er wollt's den Herren allzumal
jetzt tüchtig fühlen lassen.

„Wie konntet Ihr mit frevlem Mut
zum Feind des Reichs euch schlagen?
Fürwahr, ihr Herrn, nur euer Blut
vergilt mir solches Wagen."

Er sprach's. Die Herren wußten's traun
und hörten ohne Beben.
Man sah's an seinen finstern Brau'n,
er wird nicht Gnade geben.

Und doch der Bürgermeister trat,
um Mitleid noch zu werben,
vor ihn: „Herr, schonet unsere Stadt,
wir wollen gerne sterben.

Nicht, daß ich Euch zu rühren dächt,
nur um die Stadt zu halten,
fleh ich, gebt Gnade, Herr, vor Recht
und lasset Milde walten."

„Nicht Gnade heischet eure Tat,
an mir liegt jetzt das Wählen.
Dem Herrn vertrauet eure Stadt
und harret den Befehlen."

Doch da erschien ganz günstig schier,
wie als ein gutes Zeichen,
der Kellermeister an der Tür,
den Willkommtrunk zu reichen.

Ging munter auf den Tilly los
und reicht', es schien zum Scherzen,
ihm einen Humpen, riesengroß:
„Trinkt, Herr, es kommt vom Herzen."

Und Tilly trank und reicht ihn her
und sprach: „Das frischt die Kehle."
Doch tranken alle ihn nicht leer,
die sieben Generäle.

Und Tilly drauf zum Rat gewandt
sprach: „Wohl, ihr Herrn in Ehren,
ist einer hier von euch im Stand,
auf einen Zug zu leeren

den Riesenhumpen, auf der Stell,
fürwahr, ich möcht's erleben,
wär alles wieder gut und schnell
wär allen euch vergeben."

Und sehet, wirklich, in der Tat,
- es scheint nicht fehl zu schlagen, -
tritt einer vor, der Herrn vom Rat,
es guten Muts zu wagen.

„Ei Donnerwetter, Bomb und Stuck,
dem Herrn zu Nutz und Frommen,
das nenn ich einen guten Schluck,
er mög Euch wohl bekommen."

Der Ratsherr murmelt seinen Dank,
dacht: ‚Will den Mund dir stopfen.'
Und hob den Humpen, trank und trank
leer, bis zum letzten Tropfen.

Und Tilly hielt sein Wort und zog
rasch ab, wie er gewettet,
indes von Mund zu Munde flog,
daß „Rothenburg gerettet".

Heut schallt noch mit Begeisterung
sein Ruhm aus allen Kehlen;
oft hört man noch vom Meistertrunk
in Rothenburg erzählen.

Und eins noch hört ich, mit Vergunst,
daß es sich gleichgeblieben,
und daß noch heut in dieser Kunst
sich manche dorten üben.

Rainer Maria Rilke, Sämtliche Werke, Dritter Band, Insel-Verlag, Frankfurt a.M. 1976, S. 68 - 72.

Carlheinz Gräter
Die Saga vom Meistertrunk

Bald hundert Jahre ist es alt, das Spiel vom „Rothenburger Meistertrunk", die Moritat vom tiefen Schluck, die an Pfingsten und während der spätsommerlichen Reichsstadttage Festspielgäste aus aller Welt anzieht. Da feiern die Rothenburger im Rathaus das historische Spektakelstück von der Erstürmung und wundersamen Errettung der Stadt im Dreißigjährigen Krieg. Der Altbürgermeister Nusch leert den Humpen mit seinen dreieinviertel Liter Wein in einem Zug. Graf Tilly muß sein in Siegerlaune gegebenes Versprechen einlösen und Rothenburg schonen.
1881 zimmerte Adam Hörber, Glasermeister und Poet dazu, das Festspiel, ein Hoheslied auf die Vaterstadt, mit jener Portion Melodramatik gesalbt, die auch dem Kannitverstan aus Boston noch das blaue Auge näßt. Trotzdem, es muß heraus: Der „Meistertrunk" entbehrt zwar nicht der historischen Kostüme, wohl aber der geschichtlichen Treue.
Zum ersten Mal taucht die Saga in der 1771/72 geschriebenen Chronik des Georg Heinrich Schaffert auf. Hier heißt es allerdings nur, Frauen und Kinder hätten vor Tilly einen Fußfall gemacht, „worauf das Pardon-Wort vor der Bürgerschaft erfolget: Lasset die Hunde leben".
Diesem leutseligen Generalpardon ist dann in der gleichen Handschrift angehängt worden: „Worauf eine Generalperson einen großen Pocal voller Wein geschütt und gesagt: es wäre Gift darin, wann es jemand wollte austrinken, so sollte die Stadt Pardon haben, da dann ein Bürgermeister Nusch es gewagt und den Pocal ausgetrunken, hat ihm aber nicht geschadet."
Die zeitgenössische Literatur aus dem Dreißigjährigen Krieg weiß weder etwas von diesem Gifttrank noch von dem angeblichen Gargantua-Schluck. In der uns erhaltenen Leichenpredigt auf Nusch ist vom Meistertrunk, angeblich der Rettung der Stadt, mit keiner Silbe die Rede. Verbürgt ist, auf alle Fälle, der trockene Kommentar von Theodor Heuss: „Meine Herren, das ist keine Frage des Durstes, das ist eine Frage der Kanalisation!"

Carlheinz Gräter, MERIAN Die Saga vom Meistertrunk, Hoffmann und Campe Verlag, Hamburg 1978, S. 88.

Akteure vor dem Meistertrunk-Festspiel

E. Egers
Der Schäfertanz (1930)

Am Dienstag nach Bartholomä, dem großen Markt- und Messetag Rothenburgs, war im Mittelalter der Festtag der Schäfer. Eine Legende sagt und die Schäfer glaubten es alle, wer an diesem Tage auf dem geweihten Platz, auf dem jetzt die Wolfgangskirche steht, die Messe und die Predigt höre, dessen Herde sei gegen jede Krankheit und gegen den Wolf geschützt. In aller Frühe wurde daher am Festtage dort ein feierlicher Gottesdienst gehalten, zu dem die ganze Schäfergilde im Sonntagsstaate erschien. Nachher zogen sie unter dem klingenden Spiel ihrer Pfeifen und Schalmeien in ihrer bunten bändergeschmückten Tracht und mit ihren schmucken Dirnen die Klingengasse herauf auf den Marktplatz zu ihrer Herberge, dem Wirtshaus zum Lamm. Unterdes hatte die Köchin des Heiliggeistspitals ihre schönste weiße Gans mit Bändern und Blumen geschmückt. Mit ihrer Musik holten die Schäfer das Tier in fröhlich ausgelassenem Zuge ab und mit Sackpfeifen und Schalmeien tanzten sie mit der Gans wieder hinein in die Stadt, zum Lamm. Nach dem Mittagsmahl war Tanz und abends kam der Hauptspaß. Die Spitalgans wurde von einem der Schäfer an einem Stricklein aus der Herberge geführt zum Herrengassenbrunnen und um diesen dreimal herum. Dabei soll ihr jedes Mal aus einem silbernen Becher noch Wein in den Schnabel gegossen worden sein, um ihre sonst so gravitätisch ruhige Haltung etwas wackliger zu machen. Vom Brunnen aus wurde dann die Gans mitten auf den durch Pechfackeln erleuchteten Marktplatz geführt. Dort mußte ihr ein Schäferknecht, der etwas auf dem Kerbholz hatte, mit einem Hieb den Kopf abschlagen. Das war bei der gewaltig wackelnden Gans sicher ein ziemliches Kunststück. Gelang es ihm trotzdem, so ging es mit Johlen, Singen und Springen wieder ins Wirtshaus, um den Glücklichen zu feiern. Mißlang dem armen Kerl jedoch der Streich, so wurde er auf eine Stange gesetzt, mit Musikbegleitung dreimal um den Brunnen getragen und dann urplötzlich hineingeworfen und saftig untergetaucht. Sodann wurde er patschnaß unter dem Schadenfreudegebrüll der Menge in das Wirtshaus zum weiteren Einnässen getragen. - So wurde es im Mittelalter gehalten. Heute gibt es fast keine Schäfer mehr. Aber die Freude am Singen, am Tanzen und Lieben ist geblieben. Und wenn an schönen Sommersonntagnachmittagen nette Paare in feinfarbigen Schäferkostümen bei reizender Musik schön ausgerichtet in altem Volkstanze sich wenden und drehen, so ist dies ein ergötzlich Ding für jeden, der ein warmes Herz im Leib hat!

Manfred Balbach, Rothenburg ob der Tauber, Die Stadt in alten Ansichten, Josef Keller Verlag, Starnberg 1989, S. 236 - 237.

Die Musikanten spielen den Schäfertänzern auf

Johann Karl August Musäus
*29.3.1735 in Jena
†28.10.1787 in Weimar
Musäus studiert Theologie, danach Philologie. Als Mitarbeiter an der „Allgemeinen deutschen Bibliothek" rezensiert er ca. 350 zeitgenössische Romane. Er lehrt als Professor am Weimarer Gymnasium und unterrichtet dort auch seinen Neffen August von Kotzebue. Dieser veröffentlicht den Nachlass von Musäus, darunter die „Volksmärchen der Deutschen", welche viele Auflagen und Übersetzungen erreichen.

Leben den ganzen Tag in Saus und Schmaus (1986)

Am Dienstag nach Bartholmäi des Jahres, als Kaiser Wenzel mit der schönen Bademagd der Prager Haft entfloh, hielt nach altem Herkommen die Schäfergilde zu Rothenburg in Franken, so viel Teilhaber drei Meilweges im Umkreis um diese Reichsstadt weideten, den jährlichen Umgang, und nachdem sie in der St.-Wolfgangs-Kirche vor dem Klingentor die Messe gehört, zogen sie in das Wirtshaus zum güldenen Lamm, lebten den ganzen Tag in Saus und Schmaus, flöteten und schalmeiten und hielten ihren Schäfertanz auf offenem Markte bis zum Sonnenuntergang. Das junge Volk verlief sich dann wieder aus der Stadt; die alten wohlhabenden Hirten aber saßen beim Zechgelag beisammen um die Weinkanne bis tief in die Nacht, und wenn der Wein das Band der Zunge gelöset hatte, wurden sie laut und kosteten von mancherlei Dingen. … Viel Zünftler und Handwerker begaben sich in die Trinkstube des Wirtshauses zum güldenen Lamm, zahlten einen Schoppen Wein, hörten diesen Schnack mit an und gaben ihr Wort auch mit dazu.

Carlheinz Gräter, Anmutigste Tochter des Mains, Frankonia-Buch im Verlag Fränkische Nachrichten, Druck- und Verlags-GmbH, Tauberbischofsheim 1986, S. 72 - 73.

Ein Feuerwerk auf dem Rathaus-Balkon

Gasthof Marktp

Wilhelm Staudacher

Um Pfingsten kommt es auf schönes Wetter an (1997)

Das war jedes Jahr so um Pfingsten herum. Die Menschen der kleinen Stadt schoben schon früh bei Sonnenaufgang die Vorhänge ihrer Schlafzimmer behutsam zurück und äugten neugierig zum Himmel hinauf. Sonne, Wärme, Hitze, ihretwegen sogar afrikanische Glut erhofften sie sich, nur keine Kühle, keinen Regen, kein donnerndes Gewitter, ein minutenlanges Platzregenlein würden sie gerade noch hinzunehmen bereit sein. ...

Denn um Pfingsten herum kam es auf schönes Wetter an in der kleinen Stadt. Da steckten sich die Menschen in mittelalterliche Kostüme, Uniformen, Kleider und schlüpften in hautlederne Schuhe, Sandalen und Stiefel und setzten sich Hüte und Barette und breitausladende Filzdächer auf ihre Köpfe und gurteten sich Säbel und Degen um die Hüften, und die Männer ließen sich monatelang vorher schon Kraut- und Schnauz- und Zirbel- und Spitzbärte wachsen, dass alles kein unechtes Aussehen hatte beim Spiel im großen Saal ihres Rathauses und beim Umzug durch die alten Gassen der Stadt. Im alltäglichen, gleichtönigen Leben als subalterne Büroangestellte tätige Mannsleute durften sich an diesen Tagen als Generale und martialische Krieger, als Lanzen- und Schwert- und Degenträger, lohn- und gehaltsabhängige Aktenverwalter als würdige Ratsherren in samtener Tracht und mit weißgestärkten Krausen um ihre Hälse, Müll- und Unratabholer als Scharfrichter in roten Mänteln und mit Richterschwertern in ihren schwieligen Fäusten und sie durften ihre dramatischen Rollen wirklichkeitsecht mimen, je echter, umso besser. Der händeklatschenden Zustimmung ihrer Zuschauer waren sie sich gewiss, und das erst recht, wenn sie sich ein paar Krüge Bier in die Kehle fließen ließen und rote Gesichter davon bekamen und feurig leuchtende Augen. ...

Was für eine ziemlich einfache Geschichte, das mittelalterliche Spiel. Zwei Parteien streiten, bekriegen, bekämpfen einander, eine in friedlicher, eine in streitsüchtiger Absicht, es kann der Frömmste nicht in Frieden leben, wenn es dem bösen Nachbarn nicht gefällt, das jahrtausendealte Lied, aber man verträgt sich dann schließlich wieder und feiert den Friedensschluss bei gekochten Hühnern, bei deftiger Kesselsuppe, bei Wein, Bier und Schnaps. Manches Fässlein wird angezapft und geleert, die Köpfe werden schwer davon, die Reden mutiger, die Beine tragen die Körper nicht mehr gerade auf einen Strich.

Aber Sonne braucht's, Wärme, Hitze, keine Kühle, keinen Regen, kein festverderbendes Gewitter, die den Durst vermiesen, die Freude, die herzwärmende Versöhnungsstimmung, den Kesselsuppenappetit, störten. Dieses Jahr zu Pfingsten hatten die frohlockenden Sonnenaufgangshimmelgucker recht bekommen. Die Sonne hatte die Nebel verschluckt und den ganzen Tag über herunter gebrannt auf die kleine Stadt, zentralafrikanisch heiß, dass die mittelalterlichen Akteure literweise den Schweiß transpirierten und die Verdunstungsverluste wieder ausglichen mit Bier und mit Wein, literweise in vollen Zügen aus den Krügen. Nur gegen den Abend zu türmten sich drohende schwarze Wolken auf, unziemlich plötzlich festversauende, die Krüge wurden im Sturztrunk geleert, die Vermummten und Verkleideten flohen unter die Blätterdächer der Bäume, unchristliche Flüche und Verwünschungen häuften sich auf zu himmelhohen Lästertürmen, der Festprogrammfrieden wich aus den Köpfen der versöhnt gewesenen Kriegsparteien. Der Festvereinsvorsitzende geriet an einen General, ein Ratsherr schnappte sich einen verfeindeten Landsknecht, ein Henker im roten Umhang zeigte einem Stadtbüttel mit erhobener Faust sein martialisches Schwert, die Anhänger der beiden Parteien schrien berserkerhaft durch- und gegeneinander, Zornfeuer zischten aus ihren Augen, wie aus Flammenwerfern, zetermordio, die Zuschauer erlebten den mittelalterlichen Krieg in natura. Die unkenden Sonnenaufgangshimmelgucker rieben sich vergnügt die Hände, dass die Handinnenflächen rot wurden davon, krebsrot und heiß.

Dauert ein Jahr lang, ein langes Jahr lang, bis sich die subalternen Büroangestellten und die lohn- und gehaltsabhängigen Aktenverwalter und die Müll- und Unratabholer wieder gemeinsam an einen Tisch setzten zu einem kleinen Glas Bier oder Wein.

Auf ein Neues!

Wilhelm Staudacher, Kleinstadtgeschichten, Zweiter Band, Verlag Seehars, Uffenheim 1997, S. 18 - 21.

Tableaux vivants: Darsteller des Meistertrunk-Festspiels

HEINRICH TOPPLER

Hermann Uhde-Bernays

Heinrich Toppler - ein echter Renaissancemensch, ein Condottiere großen Stils (1922)

Im Innern gefestigt durch Verfassung und Wohlstand, nach außen geschützt durch die anerkannte und mit einer gut organisierten Besatzung wohlverteidigte Stellung als freie Reichsstadt, konnte Rothenburgs Stimme in den zahlreichen Fehden zwischen den Städten und dem Adel gewichtig und mehrfach ausschlaggebend mitsprechen. In dieser glänzenden Stellung fehlte ihr nun nichts mehr als der Mann, der, als Staatsmann wie als Krieger gleich bedeutend, das Erreichbare und Mögliche in die Tat umzusetzen vermöchte. Der als ein organisatorisches Talent die Umwandlung der Reichsstadt in eine große mit Gewinn tätige Handelsstadt zu bewerkstelligen imstande wäre und dabei den diplomatischen Instinkt eines Machiavelli und die rücksichtslose Unbedenklichkeit eines Cesare Borgia energisch betätigen könnte. Wenn wir die Verhältnisse, die in Florenz in der Mitte des Quattrocento geherrscht haben, vergleichen mit der Lage der Dinge, wie sie sich ein Menschenalter früher in Rothenburg entwickelten, werden wir eine überraschende Ähnlichkeit finden, die höchstens bei der deutschen Stadt in Bezug auf die wirtschaftlichen Bedingungen selbstverständliche Einschränkungen zu erfahren hat. Hier wie dort ein städtisches Gemeinwesen, in dessen Machtbereich bestimmte Familien durch Generationen hindurch ein Kapital von positivem wie auch von moralischem Wohlstand angesammelt hatten. Hier wie dort die Notwendigkeit eines Umschwungs, die Sehnsucht nach Verbesserung, in jenen begünstigten Familien der Wunsch nach maßloser Macht. Und hinwiederum hier wie dort zur richtigen Zeit der richtige Mann. Lorenzo von Medici gelang es, dem meuchlerischen Dolche der Pozzi zu entgehen und sich zu einem größeren Autokraten über Florenz zu erheben, als es je einer seiner gekrönten Enkel gewesen ist. Daß Heinrich Töpper, die größte und interessanteste Persönlichkeit, die Rothenburg besessen hat, dem Richterspruch seiner Ratsgenossen zum Opfer fiel, bevor er sich zum unumschränkten Herrscher machen konnte, darf uns nicht hindern, auf die Möglichkeiten hinzuweisen, die ein von ihm über die Stadt davongetragener Sieg wohl mit sich gebracht hätte, zumal bei der besonderen Gnade, in der sich Töpper bei der Majestät des Kaisers Wenzel befand.

Heinrich Töpper ist unstreitig einer der wenigen Männer des deutschen Mittelalters, die ohne jede Schwierigkeit in italienische Verhältnisse umgedacht werden können. Ist er auch vom Holze der großen Landsknechtführer, der Frundsberg, Sickingen, Berlichingen geschnitzt, so zeigt er doch in seiner politischen Wirksamkeit einen mit Verschlagenheit günstig gepaarten Scharfblick, der von der offenen Kampfesweise jener Haudegen merkbar abweicht. Toppler steht historisch da als das vorzügliche Beispiel eines echten Renaissancemenschen, eines Condottiere großen Stils wie ein Guido von Montefeltre, den wir uns in allen leiblichen und geistigen Übungen gleich erfahren denken, der die blutbefleckte Turnierrüstung ablegt, um nach dem Arm des Jünglings in der Schlacht des Greisen leuchtend Aug' in der Versammlung zu sein. Es heißt Toppler keineswegs überschätzen, wenn wir ihn so hoch stellen. Für Rothenburgs Geschichte bedeutet seine Erscheinung den Höhepunkt. Von dem Augenblick an, wo seine Einwirkung auf die von ihm so ruhmreich geleiteten Geschicke der Stadt aufhört, versinkt diese wiederum im Nebel alltäglicher, überall anderswo ähnlicher Streitigkeiten, in denen kein mächtiger Stratege zur Behauptung der mehr und mehr verloren gehenden Stellung auftritt. Mag Topplers Charakter nicht einwandfrei sein, mag er wirklich, wie die Sage, der seine Person ein dankbares Objekt geworden ist, überliefert, mit dem Nürnberger Burggrafen um den Besitz von Rothenburg gewürfelt und mit anderen Feinden der Stadt hochverräterische Verträge abgeschlossen haben, er bleibt eben doch der einzige, der eine günstige Größe und Macht seiner Heimatstadt planvoll berechnend im Auge hatte.

Hermann Uhde-Bernays, Stätten der Kultur, Band 4, Rothenburg ob der Tauber, Verlag Klinkhardt & Biermann, Leipzig 1922, S. 30 - 32.

Ein Neffe Heinrich Topplers (links)
(Eine Druckgraphik Albrecht Dürers im Besitz des Kupferstichkabinetts der Staatlichen Museen, Berlin)

Franz Prinz zu Sayn-Wittgenstein
Heinrich Toppler - Truppenführer und Diplomat, Kaufmann und Landwirt (1965)

Er war der berühmteste Bürgermeister der Reichsstadt Rothenburg. Was seinen Sturz und damit den Niedergang seiner Familie herbeiführte, ist nicht seine Schuld gewesen. Günstige Konstellationen, persönliche Klugheit und Tatkraft hatten den Aufstieg und Glanz seines Hauses ermöglicht und das Eintreten für ihn ungünstiger politischer Ereignisse ließ diesen Glanz wieder dahinschwinden. ... Darum müssen Gestalten wie Heinrich Toppler sowohl Staunen als auch Unbehagen hervorgerufen haben, denn er gehört zu den Männern, die über ihr Zeitalter hinausblickten, die versuchten, ihre Erkenntnisse in die Tat umzusetzen, dabei die gesetzten Grenzen überschritten und scheiterten, weil die Zeitgenossen ihnen nicht zu folgen vermochten.

In der Topplerkapelle der St.-Jakobs-Kirche zu Rothenburg befindet sich sein Grabmal. In den Stein der Platte ist das Wappen mit den Würfeln, die elf Augen zeigen, eingemeißelt, und die lateinische Inschrift besagt, daß 1408 der ehrenwerte Mann Heinrich Toppler gestorben ist. Kein Lob, keinen Tadel enthält der Text. Die Sage erzählt, Toppler habe mit dem Burggrafen von Nürnberg gewürfelt, dabei habe der Burggraf zwölf, Toppler nur elf Augen „gedoppelt" und dadurch die Stadt verspielt.

Fünfunddreißig Jahre, von 1373 bis 1408, regierte dieser staatsmännisch begabte Mann und wirkte weit über die Grenzen seiner Stadt im Reichsgebiet zwischen Rhein und Prag. Er begegnet uns als Truppenführer und Diplomat, als Kaufmann und Landwirt; die Rothenburger Chronisten des 16. Jahrhunderts sehen in ihm den größten Führer der Städte....

Die Toppler stammten aus Nürnberg, doch saßen ihre Vorfahren schon im Rothenburger Rat, und Heinrichs Elternhaus war das Haus „Zum goldenen Greifen". Rothenburg hatte keinen leichten Stand zwischen seinen mächtigen Nachbarn, den Grafen von Hohenlohe, dem Bischof von Würzburg, Burggraf von Nürnberg, Württemberg und Bayern. Toppler war schon mit Kaiser Karl IV. befreundet und übertrug diese Freundschaft auf dessen Sohn König Wenzel, was ihm zum Verhängnis geworden ist, denn er hielt auch nach der Absetzung Wenzels an dieser Freundschaft fest wegen der ständigen Bedrohung der Stadt durch die Burggrafen von Nürnberg. Ehe Toppler das Regiment antrat, war Rothenburg eine kleine, machtlose Reichsstadt mit sehr beschränktem Territorium. Er begann seine Laufbahn als Vorsteher des städtischen Steueramtes, machte sich einen Namen im Kampf gegen den benachbarten Adel und wirkte mit bei der Erwerbung der königlichen Vogtei über die Juden und des Reichsschultheißenamtes. Neben seiner politischen Tätigkeit erwarb er durch den Großhandel mit Schweinen ein riesiges Vermögen, das er in adligen Gütern anlegte oder für das Ansehen der Stadt verwendete. Ihm verdankt die Stadt ihr großes Territorium, den Ausbau der Verfassung, ihre Wehrhaftigkeit und nicht zuletzt das Stadtbild. Aber seine Kollegen im Rat sahen nur ungern, daß der Bürgermeister ein überraschend persönliches Regiment führte.

Im Schwäbischen Städtebund spielte er eine bedeutende Rolle, und als dieser 1376 König Wenzel die Huldigung verweigerte, worauf Karl IV. die Städte ächtete, verhandelte er während des Reichstags in Rothenburg, auf dem auch der fünfzehnjährige Wenzel erschien, so geschickt mit Fürsten und Städten, daß die Acht aufgehoben wurde. Trotz heftigen Widerstands des konservativen Patriziat bemühte er sich, das wirtschaftliche Leben der Stadt nach neuen wirtschaftlichen Erkenntnissen zu verbessern; er kaufte das kaiserliche Landgericht Rothenburg für die Stadt, er kaufte Herrschaften und Burgen, um das städtische Gebiet zu sichern, und schuf einen damals beachtlichen Stadtstaat. Als „Hauptmann der Städte" stand er mit den rheinischen Städten, mit Zürich und der Eidgenossenschaft in Verbindung, ja er schuf eine Art Eidgenossenschaft der sieben Städte Rothenburg, Windsheim, Dinkelsbühl, Hall, Wimpfen, Weinsberg und Heilbronn. Er ist in alle großen Fragen der Reichspolitik hineingezogen worden und nahm regen Anteil an der spannungsreichen Auseinandersetzung zwischen Für sten, Adel und aufsteigender Städtemacht. Sein mächtigster Gegner, Burggraf Friedrich von Nürnberg, sah die wachsende Macht Rothenburg mit Mißvergnügen und begann durch Landkauf in der weiteren Umgebung der Stadt ihre systematische Einkreisung. An König Wenzel hatte Toppler keinen ehrlichen Freund, außerdem ließ sich dieser unfähige, faule Herr seine Gunst teuer bezahlen. So verlangte er einmal 4000 Gulden und ließ schreiben: Unsern Ungetreuen zu Rothenburg. Die dem Reiche ungehorsam sein. ...

Die Kurfürsten setzten Wenzel ab und wählten Rupprecht von der Pfalz zum König, aber dennoch hielt Toppler weiter zu Wenzel, was den Burggrafen von Nürnberg

sehr verdroß. Er lud Toppler vor das Landgericht. Eine Koalition gegen die Stadt war inzwischen zustande gekommen, die Fehde verwüstete das städtische Gebiet. Als 1408 aus abgefangenen Briefen hervorging, daß Toppler immer noch mit Wenzel in Verbindung stand, ließ ihn der Rat festnehmen und ins Gefängnis werfen, wo er bald darauf gestorben ist. Seine Erben mußten Urfehde schwören, zudem 10600 Gulden zahlen und allen Besitz um die Stadt verkaufen. Sie zogen zurück nach Nürnberg. Ein großer Teil des von Toppler erworbenen Stadtgebiets ging wieder verloren, Rothenburgs Rolle war ausgespielt.
Vieles aus jener Zeit ist in Vergessenheit geraten, nur der Toppler nicht. Von ihm spricht man noch heute als einem Großen in der Geschichte der Städte, vergleichbar etwa Siegfried zum Paradies in Frankfurt.

Franz Prinz zu Sayn-Wittgenstein, Reichsstädte, Patrizisches Leben von Bern bis Lübeck, Prestel-Verlag, München 1965, S. 182-192.

Das Grabmal des „Würflers" Heinrich Toppler in St. Jakob

Ludwig Schnurrer

Heinrich Topplers kleines Fürstentum (1978)

Die Topplers kamen aus dem Nirgendwo nach Rothenburg, gehörten also nicht zum exklusiv-arroganten patrizischen Stadtadel - und doch schafften sie schon in der zweiten Generation nach ihrer Einwanderung den Aufstieg in die ratsfähige Schicht, begünstigt von größerer sozialer Mobilität um die Mitte des 14. Jahrhunderts, getragen vom wachsenden Reichtum, der sich beim Handel mit Vieh, Korn und Wein ansammelte und zurückfloß in die wert- und standesbewußte Geldanlage, mit der sich ein homo novus den neuen Standesgenossen anpassen konnte: der Grundbesitz. Nicht ganz Patrizier: Vorbehalte bei der Handvoll alter Familien blieben; es blieb auch das durch und durch mittelbürgerliche Wirtsgeschäft im stattlichen Haus „Zum Güldenen Greifen" in der Schmiedgasse.

Hier wurde Heinrich Toppler etwa zwischen 1340 und 1350 geboren, schon „mit dem Silberlöffel im Mund", programmiert zum Erben sicheren Wohlstands - aber was hat er daraus gemacht! Wie explosiv hat er seinen Ausgangspunkt verbreitert, die Schwingen gedehnt, die kühnsten Flüge gewagt. ...

Mit den väterlichen Pfunden wucherte er in einem Maße, daß den Rothenburgern der Atem stockte. In kürzester Zeit war er der bei weitem reichste Mann der Stadt. Freilich half ihm eine Heirat, die ihm eines der bürgerlichen Vermögen Rothenburgs einbrachte. Aber die Anlage und Vermehrung seines Kapitals war ganz allein seine Leistung. Sie stand auf zwei Säulen, wie schon beim Vater: Handel (mit Vieh, Pferden, Getreide, Wein, Holz, Fischen) und Grundbesitz. Kurz vor seinem Ende war er Herr über mehr als 300 bäuerliche Anwesen in 118 Ortschaften, die mehrere tausend Gulden jährlicher Gült abwarfen! Das ist, auch wenn es weitgedehnter Streubesitz war, ein kleines Fürstentum! Das überstieg die wirtschaftliche Potenz seiner Ratskollegen um ein Vielfaches!

Ludwig Schnurrer, Heinrich Toppler, der König von Rothenburg, MERIAN Hoffmann und Campe Verlag, Hamburg 1978, S. 142 - 143.

E. W. Heine

Von der Kleinstadt zum Stadtstaat - der König von Rothenburg (2000)

Obwohl Heinrich Toppler an jenem Sonntagmorgen das Haus zum Goldenen Greifen früher als gewöhnlich verließ, wartete bereits eine Schar von Bürgern auf ihn, um ihm das Geleit in die Kirche zu geben. Erst letzte Nacht war er aus Würzburg zurückgekommen. Trotz Wind und Regen hatte er für den Weg keine acht Stunden gebraucht. Er war geritten, als sei der Teufel hinter ihm her, um den sonntäglichen Gottesdienst in seiner Stadt nicht zu versäumen. Jetzt tat ihm das Kreuz weh. Mit achtundvierzig sollte man nicht mehr reiten, als wäre man achtzehn, dachte er. Die Menschen winkten ihm zu, riefen seinen Namen. Er winkte lachend zurück. König von Rothenburg nannten sie ihn bewundernd, und manchmal fühlte er sich auch so.

Es hatte sich eingebürgert, dass die Rothenburger ihren beliebten Bürgermeister auf dem Kirchgang begleiteten. Jeder wollte ihm so nah wie möglich sein. Er genoss ihre Verehrung. Sie entschädigte ihn für den Ärger und die schlaflosen Nächte, die er für seine Stadt auf sich nahm. Ja, weiß Gott, es war seine Stadt. Als sie ihn das erste Mal zum Bürgermeister gewählt hatten, war Rothenburg eine Kleinstadt ohne eigenes Umland gewesen. Das städtische Gebiet endete mit der Stadtmauer. Fuhr man aus dem Tor, befand man sich auf fremdem Territorium. Es gab nicht einen Rothenburger Bauer. Die umliegenden Ländereien gehörten alten Adelsgeschlechtern oder waren im Besitz des Deutschordens. Wie die meisten kleineren Städte war Rothenburg beständig der Bedrohung ausgesetzt, von einem mächtigeren Nachbarn geschluckt zu werden. Sowohl der Bischof von Würzburg als auch der Burggraf von Nürnberg erhoben Ansprüche auf die Stadt.

Nur eine reiche, weitgehend autarke Stadt ist auf Dauer in der Lage, ihre Unabhängigkeit zu verteidigen. Das war Topplers Devise. Rothenburg braucht starke Mauern, verlässliche Bündnispartner und bäuerliches Umland für seine Versorgung mit Lebensmitteln. Um das zu erreichen, hatte er einen Weg gewählt, der in der Geschichte seiner Zeit wohl einmalig war. Er eroberte das Land seiner adligen Nachbarn nicht in kriegerischen Auseinandersetzungen, sondern kaufte es ihnen ab. Gegen Barzahlung nahm er die umliegenden Gehöfte, Lände-

Es grünt so grün am Burggarten

reien und Burgen in Besitz. Wenn ihm eine Burg erst einmal gehörte, ließ er sie abtragen oder einfach verfallen.
In wenigen Jahren war es ihm gelungen, das städtische Gebiet um viele Hektar zu vergrößern. Er hatte aus der Kleinstadt einen mächtigen Stadtstaat gemacht. Kaum eine andere deutsche Reichsstadt besaß ein so großes städtisches Territorium, nicht einmal das einflussreiche Nürnberg. Diese Landkäufe erforderten politische und wirtschaftliche Schläue, vor allem aber ungeheure finanzielle Reserven, die sich nicht mit städtischen Mitteln finanzieren ließen. Dafür war Rothenburg zu arm. Heinrich Toppler borgte sich einen Teil des Geldes von den Juden. Er sagte sich mit Recht: Nur in einem geordneten Stadtsystem können die Juden ungestört ihren Geschäften nachgehen. Deshalb werden sie meine unblutigen Land eroberungen bereitwillig unterstützen. Warum soll man Tausende von Gulden in eine so unsichere Angelegenheit wie den Krieg stecken, wenn man für das gleiche Geld die Beute friedlich und unversehrt erwerben kann?
Einen Teil der Ankäufe finanzierte er aus eigener Tasche. Er konnte es sich leisten. Nur wenige Bürger nördlich der Alpen verfügten über so viel Geld wie er.
Solche und ähnliche Gedanken gingen dem Bürgermeister durch den Kopf. Aber da saß er schon längst in der kunstvoll geschnitzten Kirchenbank, die Vater Conrad gestiftet hatte und in der nun der Sohn mit seinen Kindern saß.

E. W. Heine, Der Flug des Feuervogels, Bertelsmann Verlag, München 2000, S. 49 - 51.

E. W. Heine
Topplers Tod - mehr als ein Verbrechen (1990)

Der Mensch vermag über große Zeiträume zu fasten, aber er überlebt nur wenige Tage ohne Wasser. In der Wüste tritt der Tod durch Verdursten bereits nach zwei Tagen ein. In einem Kellerverlies kann die Qual vier oder fünf Tage dauern. Genau läßt sich die tödliche Schwelle nicht festlegen. ... Heinrich Toppler war zum Zeitpunkt seiner Einkerkerung etwa 70 Jahre alt. Er benötigte bei bester körperlicher Gesundheit mindestens zwei Liter Wasser pro Tag. Auf keinen Fall hätte er einen Wasserentzug von fünf Tagen überlebt. Am 8. Juni muß Toppler von der Versorgungsliste gestrichen worden sein. Niemand mehr durfte zu ihm. Fünf Tage später hatte sein Leiden ein Ende. Er starb den Tod, von dem die Araber sagen, daß er die grausamsten aller Qualen bereite. Am Tag darauf wollte das königliche Hofgericht mit der öffentlichen Untersuchung des Falles beginnen. ... Das Verkümmernlassen wurde vor allem in solchen Fällen als Strafe angewandt, in denen man eine aufsehenerregende Hinrichtung vermeiden wollte. ...

Aber wäre es nicht auch möglich, daß Toppler tatsächlich eines natürlichen Todes gestorben ist? Vielleicht war der alte Mann nur einfach den Strapazen der Gefangenschaft nicht länger gewachsen gewesen? Dagegen sprechen allerdings der termingerechte Eintritt seines Todes, das Besuchsverbot seines Knechtes und seine gleichzeitige Streichung von der Verpflegungsliste fünf Tage vor seinem Tod. Nein, Toppler starb keines natürlichen Todes. Die Haftentlassungsurkunde seines Sohnes liefert den Beweis. Darin heißt es: „Ich, Jakob Toppler, Bürger von Rothenburg, bekenne mit diesem Brief, daß mein Vater Heinrich Toppler und ich dem Rat und der Stadt schwere Missetat zugefügt haben, daß wir mit Gefängnis bestraft werden mußten und daß mein Vater aus diesem Grund an seinem Leib, Leben und Gut bestraft worden ist." Hieraus geht ganz eindeutig hervor, daß Toppler mit seinem Leben bezahlen mußte. Man ließ ihn verkümmern. Jakob Toppler wurde begnadigt, seiner Jugend und seines „Gebrechens" wegen und wegen „der fleißigen Bitten, die Freunde hier zu Rothenburg und etliche und andere Ehrbare Leut" für ihn eingelegt haben. Sein „Schuldbekenntnis" rettete ihm das Leben. Auch der Goldschmied Toppler gestand seine „Missetat" ein. Er wurde „über die Donau hinweg" verbannt und durfte Rothenburg nicht mehr betreten.

Schon drei Tage vor der Entlassung Jakob Topplers wurde die Beute zwischen dem König und der Stadt verträglich aufgeteilt. Der König forderte fast ein Drittel des Topplerschen Vermögens. In einem Schreiben vom 4. Juli erklärte er den Hader für beendet. Sein Argwohn, den er wegen des Briefes zwischen Rothenburg und König Wenzel gehabt habe, sei vergessen. Er verzeihe der Stadt. Natürlich hatte das seinen Preis. Rothenburg hatte 9000 Gulden „guten rheinischen Geldes" an König Rupprecht zu zahlen. Der Betrag sei von den Kindern Topplers einzuziehen. Rothenburg verlangte das zweite Drittel des Vermögens als „Wiedergutmachung". Topplers Kindern wurde gnädig die Erlaubnis erteilt, Rothenburg zu verlassen und den restlichen Besitz zu veräußern. Dabei wurden sie von der städtischen Steuer auch noch einmal kräftig geschröpft. ...

Nach Topplers Tod wurde alle Feindschaft zwischen Rothenburg und dem Burggrafen begraben. Freundschaftliche Briefe wurden ausgetauscht. „Die dauernde Versöhnung", wie es in einem Schreiben vom 2. Oktober 1408 heißt, „mutet wie ein Wunder an. Die Stadt hat den Burggrafen befriedigt." Wie abgrundtief muß der Haß des ehrgeizigen Hohenzollern auf den kleinen Würfelspieler gewesen sein, gegen den er nicht zu gewinnen vermochte, wie viel er auch riskierte, wie hoch er auch warf. ...

Nur drei Jahre nach Topplers Verkümmerung wurde der Burggraf mit der Verwaltung der Mark Brandenburg betraut. Damit wurde er zum Stammvater des Hauses Brandenburg-Hohenzollern. Seine Enkel sollten dereinst als Kaiser und Könige das Reich regieren.

Rothenburg aber versank in provinzielle Bedeutungslosigkeit. Als man Fouché die Nachricht überbrachte, Napoleon habe den Herzog von Etienne erschießen lassen, sagte er: „Es war mehr als ein Verbrechen, es war ein Fehler." Das gilt auch für Toppler und Rothenburg.

E. W. Heine, Ein Mordfall im Mittelalter, Diogenes Verlag, Zürich 1990, S. 261 - 262; 264 - 265; 266 - 267.

Das Toppler-Verlies im Rathaus

Fränkisches Jerusalem – Die Entdeckung Rothenburgs im 19. Jahrhundert

Kaspar Brusch(ius)
*19.8.1518 in Schlaggenwald im Egerland
†20.11.1559 in Steinach bei Rothenburg o.d.T.
Brusch studiert Theologie, zeitweilig sogar bei Melanchthon in Wittenberg. Er reist viel. 1555 wird er Pfarrer in Pettendorf bei Regensburg. Kaiser Karl V. ernennt den Sprachbegabten zum „Poeta Laureatus", zum „lorbeerbekränzten Dichter".
Brusch verfasst die erste Kirchen- und Klostergeschichte Deutschlands. Als er im Jahre 1559 im Rothenburger Archiv in alten Quellen forscht, wird er auf dem Heimweg bei Steinach ermordet und in der Kirche des Ortes beigesetzt. Es wird vermutet, dass er sterben musste, weil seine Nachforschungen unrechtmäßige Besitzansprüche hätten aufdecken können.

O Rothenburg, du edle Stadt (1989)

So jemand ist, der wissen will,
Gelegenheit, Gestalt und Ziel
Jerusalems, der edlen Stadt,
Drin unser Herr gelitten hat, …

Der schau mit Fleiß Rothenburg an,
Eine Stadt in Franken lobesam.
Wo sich durch ein sehr edel Thal
Die Tauber abwaerts windt ein Saal
Der alten Franken ist das Best
Dereinst an diesem Ort gewest. …

Wiewohl nun dies der Stadt ein Ehr,
Und rühmlich ist, ist's doch ein Ehr,
Die nichts besondres in sich hat: …

Diese Ehr dich mehr erhoben hat,
O Rothenburg, du edle Stadt:

Daß du Gott's Wort und Christi Lehr
Hältst in Würd und hoher Ehr,
Und Jesum Christ, den Heiland dein,
Bei dir hast lassen ziehen ein.
Schau nur, bleib ihm mit Herz und Sinn
Eine recht getreue Dienerin.
Und fahr also emsiglich fort,
Gott zu erkennen aus sei'm Wort
Das fördere du und gieb ihm Platz
Und halt das für ein teuern Schatz:

So wirst auch du, wie Jerusalem
Eine Tochter Zions angenehm.
So wirst auch du auf dieser Erden
Eine selige Stadt genennet werden.

Manfred Balbach, Rothenburg ob der Tauber,
Josef Keller Verlag, Starnberg 1989, S. 19.

Vom Tal hinauf zur edlen Stadt

Paul von Heyse
*15.3.1830 in Berlin
†2.4.1914 in München
Von Heyse belegt an der Universität Politologie, Romanistik und Kunstgeschichte. Während des Studiums kommt er in Kontakt mit Jacob Burckhardt, Adolph Menzel, Joseph von Eichendorff, Theodor Fontane und Theodor Storm. 1854 lädt ihn der bayerische König Maximilian II. nach München ein und 1855 veröffentlicht von Heyse die erste von 150 Novellen. Um ihn bildet sich schon bald ein Dichterkreis und ihm wird große Verehrung zuteil. Der allseits Gefeierte fördert Fontane und andere Schriftsteller; er engagiert sich für die juristische und soziale Absicherung seiner Kollegen. 1910 verleiht ihm Stockholm den Nobelpreis für Literatur, und im gleichen Jahr erhebt ihn Prinzregent Luitpold in den Adelsstand. Von Heyse erlebt, dass seine Lyrik oftmals vertont und sein Werk in alle europäischen Hauptsprachen übertragen wird. Er legt meisterhafte Übersetzungen aus dem Spanischen und Italienischen vor. Die Krönung seines Werkes bilden jedoch von Heyses Novellen und seine Lyrik.

Durch die buckligen Gassen des deutschen Jerusalems (Tagebuchaufzeichnungen, 1881)

14.4.1881: Um 1 Uhr mit dem Postzug fort (…). Um 10 Uhr im Hirschen zu Rothenburg angelangt.
15.4.1881: Gang um die Stadt, zum Theil auf der alten Mauer. (…) Um die ganze Stadt innerhalb der Mauern und oben auf derselben gewandelt, mit schmerzendem Fuß. Um 12 gegessen mit einem Stabsarzt aus Würzburg, Rothenburger Kind.
16.4.1881: Etwas gezeichnet auf dem Platz vor dem Burgtor. Der Oberstabsarzt giebt mir 2 Fremdenführer. Ich tausche meine Bücher (Pangraz) gegen das Mscr. des Festspiels „Der Meistertrunk" oder Tilly vor Rothenburg, von Ad. Hörber zur Feier des 250jähr. Befreiungstages. (…) Vormittag die Jacobskirche besehen, Altar von Veit Stoß u. Wohlgemuth, Marienaltar von Tilman Riemenschneider.
17.4.1881: Eine Stunde durch die Stadt, Choral vom Rathausturm geblasen. (…) Der Herr Oberstabsarzt giebt mir ein selbstverfaßtes Gedicht auf den Meistertrunk, heißt Karl Schiller. (…) Spaziergang das Thal hinab zum Wasserthurm. Gebrütet. Dort gezeichnet.
18.4.1881: Den ganzen Tag verträumt. (…) Nachm. Schöner Gang außen um die Mauer herum.
19.4.1881: Das Rathaus besehen, mit einem Brautpaar. Vorbereitungen im Kaisersaal zum Festspiel, Gerichtsstube daneben mit allerlei Alterthümern. In den Thurm hinaufgekrochen, oben der Schneider (60 d täglich) auf die Galerie hinaus. Schwarzes Öfchen, Tisch u. Stuhl, schwebende Leiter, Fallthür, viereckige Mauern, 4 kleine Fenster. Der Turm schwankt im Sturm wie ein Baum.
20.4.1881: Vor den Thoren gezeichnet. (…) Gang nach Detwang, das Kirchlein besehen, interessanter Altar. Auf dem langsam ansteigenden oberen Weg nach dem St. Wolfgangskirchlein, das offen ist. Der Bau leider durch plumpe Möblirung verunstaltet. Wieder den heil. Wolfgang gezeichnet.
21.4.1881: Die Aussicht von meinem Fenster gegen die Burg hin gezeichnet. Um die ganze Stadt gewandert. (…) Nach dem Wildbach hinunter gezeichnet. Auf dem Rückweg in die Kobolzeller Kirche geblickt, grell vergoldeter u. bemalter Altar, doppelte Wendeltreppe zum Chor hinauf, im Weißbäcker'schen Hause den im Renaissancestil reich vertäfelten Saal gesehen. Abends ein junger Archäolog, jetzt in Hagenau im Elsaß, der uns in Pompeji gesehen.
22.4.1881: Abschied vom alten Schiller. Auf dem Weg zum Bahnhof noch einen Straßen-Prospect gezeichnet. Gegen 11 fort. …
3.5.1881 (München): Das Glück von Rothenburg angefangen …
10.5.1881: Das Glück von Rothenburg beendet.

Gottfried Kellers Antwort am 30.12.1881 auf Heyses Brief (dem „Das Glück von Rothenburg" beigelegt war)

Als mich „Das Glück von Rothenburg" neulich aufsuchte, war ich keineswegs verlegen, bester aller Freunde und Dichter, darüber zu schreiben, sondern steckte in einer meiner periodischen Brief- und Lebensstockungen oder Stillstände. (…) „Das Glück von Rothenburg" ist, wie immer, wieder eine echt romantische Begebenheit von der echten klassischen Art auch im modernsten Gewande. Ich bin besonders dankbar, daß Du wiederum eine verfluchte Russin die böse Fee sein lässest, die das Glück zu stören droht.

Rainer Hillenbrand, Heyses Novellen: ein literarischer Führer, Peter Lang GmbH, Europäischer Verlag der Wissenschaften, Frankfurt a.M. 1998, S. 453 - 455.

Carl Spitzweg
*5.2.1808 in Unterpfaffenhofen
(heute Stadtteil von Germering)
†23.9.1885 in München
Spitzwegs künstlerische Begabung zeigt sich bereits früh, doch nach des Vaters Wunsch wird Carl zunächst Apotheker. An einem Nervenfieber leidend, entschließt er sich während eines Kuraufenthaltes auf ärztliches Anraten hin, hauptberuflich Maler zu werden. Freilich, eine Akademie besucht er deswegen nicht; er ist Autodidakt. Es folgen viele Reisen in Europa, stets begleitet von seinem Skizzenbuch. Typen und Szenen der biedermeierlichen Kleinbürgerwelt haben es ihm besonders angetan. Dazu passend, wählt er auch für seine Bilder ein Kleinformat. Delacroix und Diaz inspirieren ihn zur impressionistischen Malweise. Spitzweg ist ein einzigartiges, hell leuchtendes Blau eigen, zu dem kein anderer Maler greift. Außerdem versteht sich der ehemalige Apotheker darauf, den Farben seiner Gemälde Dauerhaftigkeit zu verleihen.

Jerusalem in hohem Grade ähnlich (1858)

Rotenburg an der Tauber - Freitag, den 30. Juli 1858
Lieber Bruder!
Ein garstiges kaltes finsteres Regenwetter, was seit heute Mittag losbrach, erinnerte mich lebhaft, daß ich Dir einmal zu schreiben versprach. Das Wasser stürzt in Strömen nieder und der Wind heult fürchterlich - während der heutige Morgen so sonnig auf das schöne Rotenburg niedersah, das mit seiner originellen Lage den Fremden oft sich besinnen macht, wo er sich befinde. Die Umgebung zunächst um die Stadt soll der um die Stadt Jerusalem in hohem Grade ähnlich sein, und es fehlt also auch nicht an Vergleichen in Detail und wer sucht, der findet hier auch den Teich Gethsemane, den herzförmigen Blutacker, das Tal Josaphat u.s.f. in dem anmutigen Taubergrund - der sich aber hauptsächlich durch seine Weinberge und sein frisches Grün von Jerusalems Umgebung unterscheidet, sowie durch die großen Dreispitzhüte der Bauern, die darin herumwandeln, und durch den schwäbisch-fränkischen Dialekt, den sie sprechen, die Bauern nämlich. Im Innern der Stadt sieht's freilich nicht jerusalemitisch aus, sondern es ist ein mit Ringmauern umgebenes gothisch schwäbisches Nestlein, voll Juwelen alter Architektur, die, wenn man (sie) anderswo versetzen könnte, mit Millionen bezahlt würden; die Stiftskirche groß wie die Sebaldkirche in Nürnberg, ein herrl. Rathaus aus der Renaissancezeit, und Giebel und Thürmchen und Erker und Thürme ohne Ende in allen Formen hin durch die Stadt - eine ehemalige Reichsstadt, einst weit mehr bevölkert, blühend Handel und Industrie treibend, nach und nach aber heruntergekommen und jetzt durch die Eisenbahn ganz auf die Seite geschoben - sonst in den Fremdenbüchern der Gasthwirte Fürsten und Grafen, Kaiser und Könige, Russen und Engländer ... jetzt nur alle Wochen ein paar Mal ein Kaufmann d.h. Handlungsreisender, der die hiesigen Handlungen mit Dampfchocolade und Stiefelwichs versieht oder für das Haus Schwefelberger-Hölzelmayer und Compagnie reist. Bis jetzt sah ich nur eine Crinoline hier.
Ich kam gestern nachts hier an von Feuchtwang, wo ich Mittwochs übernachtete (Montag und Dienstag war ich in Dinkelsbühl, auch schön in seiner Art - aber nichts gegen Rotenburg.) Als ich München verließ, regnete es; aber schon über Augsburg hinaus wurde der Himmel blau und es blieb schön bis Donnerstag Vormittag, wo Regen kam, der sich aber abends wieder verlor. Jetzt mags allem Anscheine nach eine Weile so niedlich fortschütten, denn in Rotenburg hatten sie den ganzen Sommer über ziemliche Dürre, daß aber ich gerade hierzu kommen muß, wenn sich der Segen des Himmels über die Stadt ergießt, ist fatal! Ich fürchte beinahe, es schwemmt mich eher wieder fort als ich freiwillig gegangen wäre; denn im Regen ist Rotenburg auch gar nicht schön. Entschuldige gef. das viele Wasser, das in den Brief gekommen ist. Heute fragte ich nach einem etwaigen Brief bei der Post; es war nichts da und ich schloß daraus, daß ... Ihr alle gesund seid, eifrig vermutlich beschäftigt über die Wahl der Sommerresidenz; - zwey Örtchen könnt ich Euch vorschlagen, wo Ihr sicherlich nicht Euch amüsiren würdet: „Wassertrüdingen und Feuchtwangen", die schon durch ihre Namen ihre Reize erraten lassen. Doch ich schließe, sonst komm ich, wie ich merke, aus der Wässrigkeit gar nicht mehr hinaus; und grüße Euch bis zum Wiedersehen in etlichen Tagen herzlich Als Euer Carl

FRANKEN in alten Ansichten und Schilderungen, Hrsg. Hanns Hubert Hofmann und Günther Schuhmann, Jan Thorbecke Verlag, Konstanz-Lindau-Stuttgart 1967, S. 293 - 294.

Friedrich Hofmann
*18.4.1813 in Coburg
†14.8.1888 in Ilmenau
Nach dem Literatur- und Geschichtsstudium arbeitet Hofmann in der Redaktion von Meyers Konversationslexikon. Von 1883 bis 1886 leitet er die Chefredaktion der Familienzeitschrift „Die Gartenlaube". Mit dem Bändchen „Weihnachtsbaum für arme Kinder" erfreut er nicht nur seine Leser, sondern unterstützt mit dem Gewinn daraus 25 Jahre lang bedürftige Menschen. Ein völlig anderes Genre bilden seine Operntexte „Der Rattenfänger von Hameln" und „Der wilde Jäger".

Ein Kleinod aus deutscher Vergangenheit (1868)

„War denn dieses Thal durch Jahrhunderte verzaubert? Oder ist der Kyffhäuser in diesen verborgenen Winkel versetzt und streckt nun die wiedererstandenen Thürme seiner Kaiserburg auf dem Berge dort zum alten deutschen Himmel empor?"
So hat wohl Mancher schon gedacht, den sein Weg zum ersten Mal in den Taubergrund führte und vor dessen Blicken sich dann in der Thalwindung hinter Detwang die alte Berg- und Thürmestadt Rothenburg ob der Tauber erhob. Man glaubt sich einer der großartigsten Fürstenburgen der Ritterzeit zu nähern und täuscht sich zu seiner freudigsten Überraschung, denn wir betreten, wenn wir

Alte deutsche Städtepracht: das Hegereiter-Haus

Graben, Wall und Thor, alles Zeugen einer hohen Vergangenheit, hinter uns haben, eine so rein und vollkommen mittelalterliche Stadt, wir wandeln in Gassen, denen so gar nichts von neuer Zeit anklebt, in welchen der steinerne Hintergrund des mittelalterlichen Bürgerlebens sich so stattlich darstellt und so gut erhalten hat, daß wir unwillkürlich an den Fenstern die Köpfe unter großen Halskrausen suchen und beim Rathhause nach der Schaarwache spähen, die wir von Rechts wegen dort zu sehen erwarten mit blanken Harnischen und langen Spießen. Wie gern wir auch in das Lob Nürnbergs einstimmen, wenn es alte deutsche Städtepracht zu preisen gilt, so verdient doch diese weit kleinere fränkische Stadt in Bezug auf Reinheit mittelalterlichen Charakters ihrer äußeren und inneren Erscheinung den Vorzug selbst vor der alten Reichszierde des Frankenlandes.
Je unverantwortlicher fast überall und noch bis diesen Tag mit unzähligen Baudenkmalen der deutschen Vorzeit umgegangen worden ist, um so mehr Achtung sind wir dem Geist einer Bürgerschaft schuldig, welcher offenbar seit Jahrhunderten stets die Schonung der Werke der Väter eine Pflicht der Ehre war, denn ohne ein solches Pietätsgefühl würde auch die Art und Weise der Erhaltung des Alten, wie der Rothenburger Mauergürtel sie zeigt, ganz unmöglich gewesen sein.
Wir haben nämlich für die Geschichte des Burgen- und Festungsbaues von den Zeiten der Hohenstaufen bis zum dreißigjährigen Kriege in ganz Deutschland schwerlich noch ein zweites so vollkommen alle Uebergänge bewahrendes Stadt-Muster, wie dieses Rothenburg. Während die ältesten Umfassungsmauern noch aus Kaiser Rudolf's Tagen herrühren, seit welchen der Umfang der Stadt sich nicht mehr verändert hat, setzte jeder Fortschritt in der Befestigungskunst dem Mauerkranze neue Blätter an, Thurm um Thurm wuchs, bis endlich vierzig Thürme die Mauer krönten, und als vor dem schweren Geschütz der Städte das Burgen- und Raub-Ritterthum in den Staub sank, prangte auch Rothenburg mit seinen Rundbasteien und vorgeschobenen, durch ihre Stärke den Feindeskugeln trotzenden Mauerfäusten. Und so steht die Stadt, ein Bild der Bürger-Ritterlichkeit, auf ihrem Berge, von welchem sie etwas über dreizehnhundert Fuß hoch auf das zwar liebliche, aber eng gewundene Thal hinab und auf eine mehr als tausendjährige Geschichte zurückblickt. …

Friedrich Hofmann, „Die Gartenlaube", Illustriertes Familien-Blatt Nr. 47, Leipzig 1868, S. 748.

Toby E(dward) Rosenthal
*15.3.1848 in New Heaven, Connecticut
†23.12.1917 in München
Rosenthal wird in den USA als Kind einer Auswandererfamilie geboren. Schon in der Jugend will er sich zum Maler ausbilden lassen, doch dies wird erst möglich, als sich die wirtschaftlichen Verhältnisse der Familie bessern. 1865 schickt ihn sein Vater nach München, wo ihn die Malerschule von Piloty aufnimmt. Besonders das Leben des Johann Sebastian Bach beschäftigt den jungen Künstler. Für sein Bild „Morgenandacht beim Thomaskantor" sucht er ein „passendes Interieur" aus einer kleinen alten Stadt und wird bei einer Abendgesellschaft auf Rothenburg aufmerksam.

Unversehens in ein Märchenbild gestiegen – Erinnerungen eines Malers (1927)

In einer Abendgesellschaft erzählte mir ein Oberst von dem Städtchen Rothenburg o. d. Tauber. Sein Regiment war im Jahre 1866 auf dem Marsch in Franken durch diesen abseitigen und damals ganz unbekannten Ort gekommen. Die romantischen Gassen hatten so großen Eindruck auf den Oberst gemacht, daß er die wenigen Stunden seines Aufenthaltes dazu benutzte, einige der schönsten Häuser und Straßen zu zeichnen.
Dieser Wink war mir sehr wertvoll. Ich beschloß, unverzüglich nach Rothenburg zu reisen. Ehe ich München verließ, bat mich Defregger, ihn zu verständigen, wenn ich den Ort wirklich so malerisch fände. Ich fuhr nach Steinach und von dort in einem altmodischen Postwagen nach Rothenburg. Beim Anblick der alten Stadtmauer und der Türme ahnte ich schon, daß ich gut beraten war. Aber als ich dann unter den Klängen des Posthorns in das Städtchen selbst hineinfuhr, glaubte ich zu träumen. Es war um die Dämmerstunde und die Oellampen, die an Ketten über den Straßen schaukelten, wurden gerade angezündet. Der Mond stand schon hoch und die alten Giebelhäuser und Erker hoben sich schwarz vom Himmel ab. Altertümliche Brunnen plätscherten schlaftrunken, steinerne Zierrate und Figuren waren im Zwielicht seltsam belebt. Der ganze Ort schien von Spinnweben überzogen. Mir war, als sei ich unversehens in ein Märchenbild gestiegen und in meiner Freude vergaß ich alle Müdigkeit und den Wolfshunger, der mich im Postwagen gequält hatte. Anno dazumal mußte sich jeder, der an einem Orte länger als einen Tag zu bleiben gedachte, im Rathaus eine Aufenthaltskarte ausstellen lassen. Ich legte also am nächsten Tag als Ausweis meinen amerikanischen Paß vor. Der Bürgermeister betrachtete das Dokument einigermaßen ratlos, aber doch mit höchstem Interesse und stellte merkwürdige Fragen. Dann verließ ich das alte Rathaus und betrachtete den Platz mit seinen wunderschönen Gebäuden. Ein Rothenburger Bürger erklärte mir die einzelnen Bauten, aber als er ein Haus, welches schon etwa 240 Jahre alt war, mit „Neubau" bezeichnete, war ich höchlichst belustigt. Ich wanderte in der Stadt umher und überzeugte mich, welch reiche Fundgrube für Maler ich entdeckt hatte. Dann sandte ich Defregger ein Telegramm, er möge nur gleich kommen, denn in der ganzen Welt gäbe es keinen Ort wie diesen.
Auf dem Rückweg zum Gasthaus kam ich durch die Herrengasse. Ein gutgekleideter Bürger grüßte mich höflich, entschuldigte seine „Dreistheit" und stellte sich mir als Prorektor Merz vor. Er sagte, daß er schon vom Bürgermeister von der Ankunft eines Malers gehört habe und davon, daß ich Amerikaner sei, welch letzteres ihm augenscheinlich mächtig imponierte. Während der Prorektor zu mir sprach, vernahm ich ein leises Klirren von vielen Fenstern dieser vornehmsten Straße des Ortes und der Prorektor sagte: „Sehen Sie die Leute an den Fenstern? Sie haben eben erfahren, daß ein Amerikaner angekommen ist und nun glauben sie, daß Sie im Federschmuck einhergehen."
Der Prorektor, bei dem ich häufig zu Gast war, wohnte in einem der interessantesten alten Häuser. … Bevor ich Rothenburg verließ, schrieb ich an Ernst Keil, den damaligen Besitzer der „Gartenlaube", und machte ihn auf diese schlummernde Stadt aufmerksam. Die „Gartenlaube", damals ein viel gelesenes Blatt, brachte einen Aufsatz mit Abbildungen, dem es zu verdanken ist, daß die Aufmerksamkeit auf Rothenburg gelenkt wurde.

Toby E. Rosenthal, Erinnerungen eines Malers, Richard Pflaum Verlag, München 1927, S. 44 - 46; 48.

Der Weihnachtsmarkt:
Eine Fundgrube für Maler und Fotografen

Vor St. Wolfgang: schön mit einem Wort

Eugen Bracht
*3.6.1842 in Morges am Genfer See
†15.11.1921 in Darmstadt
Bereits mit 17 Jahren besucht Eugen Felix Prosper Bracht die „Karlsruher Kunstschule". Das junge Talent wird von Hans Gude in Düsseldorf gefördert. 1864 versucht sich Bracht als Kaufmann in Berlin, zunächst in einem belgischen Handelshaus, später mit einem eigenen Geschäft. Doch 1870 muss er Konkurs anmelden und kehrt zum Malen nach Karlsruhe zurück. Erste Erfolge stellen sich ein. Es folgen Studienreisen. 1882 wird er Dozent an der Berliner Kunstakademie und bald darauf ordentlicher Professor. Von 1901 bis 1919 lehrt er malend an der Dresdner Kunstakademie. Die „Brachtklasse" unternimmt jährliche Studienfahrten. Schon zu Brachts Lebenszeit sind seine Werke sehr gefragt.

Alles wie im Dornröschen eingeschlafen, umsponnen (1877)

Brief an seine Frau Maria
Rothenburg a/Tauber 27. März (1877)
Lieber Schatz - Trotz sehr gespannter Erwartungen finden wir Rothenburg wundervoll - herrlich überraschend - mittelalterlich - famos - farbig - originell - entzückend - unglaublich erstaunlich - magnifik - superb - einzig - reizend - delicieus - stupend wunderbar - begeisternd - märchenhaft - unwahrscheinlich - verblüffend - himmlisch - zum Küssen - bewundernswerth - göttlich - schön mit einem Wort - über alle Begriffe!!!
Mit diesem Wortschatz mußten wir heute Nachmittag sehr haushälterisch umgehen, um uns nicht fortwährend zu wiederholen - zu beschreiben ist es einfach nicht. - Und wer nicht mit eigenen Augen gesehen hat - kann sich keinen Begriff davon machen. Unsere Arbeiten werden mit dem Gebotenen in lächerlichem Verhältnis

stehen, aber immerhin werden wir tun, was wir können - dazu dieses Wetter! Die Aussichten für morgen sind nicht famos, aber wir müssen mit diesen beiden Tagen sehr zufrieden sein. ...

Von der Existenz eines solchen Mittelalters kann man sich keinen Begriff machen - es ist eben Alles erhalten - Mauern - Thürme - Thore - Eisenarbeiten - Häuser - Alles - wie im Dornröschen eingeschlafen, umsponnen. Hildebrand ist ganz außer sich.(*)

Am meisten erinnert es an Luxemburg, nur ist hier alles innerhalb der Stadtmauer mit ihren 37 Thürmen - es macht mir viel mehr Eindruck wie Nürnberg - trotzdem Vieles weit bescheidener in den Verhältnissen ist.

Doch sind wir ganz herunter vom Sehen und die Augen thun mir weh! Für heut genug.

Mittwoch, 28. März 1877

Die Nacht war schauderhaft - der Wind lag gerade auf unseren Fenstern - und abwechselnd schien der Mond freundlich herein - abwechselnd heulte ein kolossaler Sturm, daß alles knackte - dazu prasselte der Regen ans Fenster, es erinnerte an Neapel.

Heute früh sind die Fenster beschlagen - die Sonne schien auf die gegenüberliegenden Höhen und wir können vielleicht doch arbeiten.

Unsere Aussicht ist herrlich, unter uns krümmt sich in großer Doppelwindung die Tauber und rechts und links ragt je ein Ende des Städtchens herüber, unten die Mühlen, Kapelle, Brücke etc. Das Wirtshaus ist 3t Rangs. Die Betten kurz, aber es ist kein anderes da - hier logiert auch die Kreisersatzcommission (?) die ich das Verg(nügen) habe überall anzutreffen.

Wie mags dir ergangen sein? Und den Kindern, ich bin sehr begierig auf Nachrichten, vielleicht finde ich etwas Poste restante.

Dein treuer Eugen

Adr: Hotel (getilgt) Gasthaus zum Hirsch R.a/d. Tauber

Die Linde, Schneidersche Buchdruckerei, Rothenburg o.T. 1965, S. 28.

(*) Anmerkung des Herausgebers: Ernst von Hildebrand (1833-1924), Brachts Begleiter, war zu diesem Zeitpunkt Professor an der Karlsruher Kunstschule.

Adrian Ludwig Richter
*28.9.1803 in Dresden
†19.6.1884 in Dresden
Bei seinem Vater lernt Richter das Handwerk des Zeichners und Kupferstechers; die Kunstakademie Dresden gewährt ihm ein Stipendium. Er unternimmt Studienreisen nach Italien und wirkt als Zeichenlehrer an der Porzellanmanufaktur Meißen. 1836 beruft ihn die Kunstakademie Dresden und ernennt ihn schon bald zum Professor. Etwa 3000 Holzschnitte entstehen in Richters Atelier. Damit illustriert er über 150 Bücher, darunter „Die Volksmärchen der Deutschen" von Musäus. Dieses Werk wird als eines der schönsten Bücher des 19. Jahrhunderts gerühmt. Richters Bilder sind weithin bekannt und beliebt, sie spiegeln das Leben der einfachen Leute in der späten Biedermeierzeit. Gemüt und Frömmigkeit werden besonders angesprochen. Wohl darum sind Richters Bilder noch immer populär.

Plötzlich ins Mittelalter versetzt – Lebenserinnerungen eines deutschen Malers (1967)

Ich zog über Schwäbisch Hall auf den einsamen Straßen weiter. Die Gegend war öde, die Landstraße leer, der Himmel mit dunklem Gewölk bedeckt; ich wurde des langen Wanderns endlich müde, besonders da ich jetzt wieder allein war. Der Abend war heute zeitiger eingebrochen; ich war froh, als ich auf den jenseitigen Anhöhen eines kleinen Flusses eine Stadt erblickte, deren viele Türme und Türmchen ihr ein bedeutendes und altertümliches Ansehen gaben. Ich fragte: es war Rothenburg an der Tauber. Jetzt besann ich mich, daß ich diesen Namen in Musäus' Volksmärchen gelesen hatte, und zwar in der Schatzgräbergeschichte, wo die Schäfergilde ihr herkömmliches Fest in Rothenburg feiert. Die Geschichte hatte mir immer ganz besonders gefallen, und jetzt war ich ganz unverhofft in ihr romantisches Gebiet gekommen. Der Abend dämmerte bereits, als ich in die engen, holprigen Straßen trat. Die Häuser mit

Etliche der 33 Türme und Türmchen der Stadt

den hohen, spitzen Giebeln, die Stockwerke immer das darunterliegende überragend, altertümliche Schilder und Innungszeichen, gotische Kapellen und Kirchen, aber selten ein paar Menschen in den Gassen, alles so still in dieser Dämmerstunde! - Ich glaubte, plötzlich ins Mittelalter versetzt zu sein, besonders als ich in die Herberge trat. Eine kleine gotische Türe, zwei Stufen abwärts in den Hausflur zu steigen. Die Gaststube ein niedriger Raum, kleine Fenster mit runden Scheiben. An den Tischen saßen einige Männer in Kleidern, die auch aus Großvaters Zeiten zu sein schienen, bei ihrem Biere in hohen Zinnkrügen, wie ich sie nur aus Albrecht Dürer kannte. Ich saß hier bei meinem Abendessen hinter dem grünen, alten Kachelofen und lauschte dem Gespräch der Männer, wie Peter Bloch in der Erzählung; aber von einem verborgenen Schatz wurde nichts berichtet. Als ich zwanzig Jahre später den Musäus zu illustrieren hatte, tauchte die Erinnerung an das alte Rothenburg an der Tauber wieder lebendig auf. Und zehn Jahre darauf rief mir einst v. Ramberg in München zu: „Ich habe vorigen Monat auf einer Wanderung in Bayern mit Freund N.N. eine Stadt entdeckt, wo wir uns immer zuriefen: Das sieht hier aus, als wenn es Ludwig Richter komponiert hätte; da sollten Sie einmal hin"; es war Rothenburg an der Tauber. - Doch hatte ich damals nicht das geringste dort gezeichnet, sondern war am frühen Morgen weiter gewandert.

FRANKEN in alten Ansichten und Schilderungen, Hrsg. Hanns Hubert Hofmann und Günther Schuhmann, Jan Thorbecke Verlag Konstanz - Lindau - Stuttgart 1967, S. 291.

Paul Bonatz
*6.12.1877 in Solgen (heute: Solgne in Lothringen)
†20.12.1956 in Stuttgart
Bonatz studiert Maschinenbau und Architektur. An der Technischen Hochschule wirkt er als Assistent, dann als Dozent, schließlich als Professor. Viele seiner Wettbewerbsentwürfe darf er realisieren. Bekannt wird er mit der Gestaltung großer Projekte: dem Bau von Neckarstaustufen, von Neckar- und Autobahnbrücken und des Stuttgarter Bahnhofs. Von 1943 bis 1954 berät er das türkische Kultusministerium; zudem lehrt er an der Technischen Universität Istanbul.

Eine unerschöpfliche Fülle von Schönheit und Anregung (1922)

Rothenburg ist der Inbegriff der alten deutschen Stadt. Glückliche Umstände haben hier ein vollständiges und unversehrtes Abbild des Mittelalters erhalten. Alles ist echt und lebendig, nirgends sieht man gefälschte Wiederherstellungen, nirgendwo alte Straßenbilder in dieser Reinheit.
Weitab vom neuzeitlichen Verkehr führt die Stadt ein stilles, fast vergessenes Dasein und blieb so verschont von allen Greueln und Verunstaltungen der letzten sechzig Jahre. Hinter den Wehrmauern, den Toren und Türmen, die sich hoch über dem lieblichen Taubertal erheben, lebt in den Steinen der Geist alter Klöster, der Ritter, Patrizier und Zünfte. Im Aufbau der Stadt spiegelt sich deutlich ihre Entwicklung. Das Stadtbild ist Ausdruck des sozialen Gefüges, wie der hohen Kultur der Zeit, mit einem Wort die Verkörperung des Wesens vergangener Jahrhunderte.
Rothenburg ist nicht eine beliebige Stadt des Mittelalters, die wir nur besuchen, weil gerade sie am reinsten erhalten blieb. Auch im Mittelalter stach sie unter ihresgleichen hervor. Sie bietet eine unerschöpfliche Fülle von Schönheit und Anregung, gleicherweise für den, der kommt sich in Vergangenes zu versenken und alte Kunst zu genießen, wie für den, der forschen und lernen will.

Paul Bonatz, Rothenburg o.d.T., Ein Führer durch Geschichte und Kunst, Hrsg. E. Eger, K. Ohlinger Nachfolger, Bad Mergentheim 1924, Vorwort.

Der Kirchplatz St. Jakob mit der St.-Michaels-Kapelle
(Alte Stadtansicht: Bild aus dem Reichsstadtmuseum Rothenburg)

Bericht zweier Zeitzeugen über die Zerstörung der Stadt durch amerikanische Bomber

Samstag, dem 31. März 1945, früh 10.30 Uhr, heulten überall in der Stadt die Sirenen. Höchste Luftgefahr verkündeten die schrecklichen Stimmen.
Kurz darauf kam eine Staffel von 16 Flugzeugen aus Richtung Würzburg. Sie überflogen zunächst noch ziemlich hoch die Stadt… Plötzlich drehten sie um, lösten sich aus der geschlossenen Formation, gingen tiefer, und öffneten …ihre Bombenklappen. Zu Tausenden prasselten nun die Brandbomben, sogenannte Stabbrandbomben, auf Rothenburg.
Dazwischen fielen einige Sprengbomben, wie man vermuten muß, auf besondere Ziele. Maschinengewehre knatterten aus den Flugzeugen auf Menschen, die sich auf der Straße aufhielten. …
Nach dem Abwurf herrschte zunächst in der Stadt die Stille maßlosen Entsetzens, es war einen Augenblick still wie auf einem nächtlichen Friedhof. Dann aber sprühten meterhohe Flammen zischend aus den Brandkörpern…
Ein riesengroßes Unglück:
39 Tote, darunter 12 Männer, 18 Frauen und 9 Kinder, hatte die Katastrophe des Ostersamstags 1945 gefordert.
Am Ostersonntag … ging hell und klar die Sonne auf. … Ihre Strahlen vermochten die Rauchdecke über der todwunden Stadt nicht zu durchdringen. Keine Glocke rief die Gläubigen zum Auferstehungsfest, alle Menschen waren noch von dem Entsetzen über das riesengroße Unglück wie gelähmt.
Straßen und Gassen liegen voll von Brandtrümmern, Kleidern und Möbel, die ins Freie geworfen, nicht mehr weggebracht werden konnten. Ausgebrannte Kraftwagen stehen umher, Kadaver von Pferden und Kleinvieh liegen da. Ein grausiges Bild furchtbarster Zerstörung…!
306 Wohnhäuser sind gänzlich, 52 Wohnhäuser teilweise zerstört.
741 Familien sind obdachlos geworden.
46 Scheunen, Ställe und Nebengebäude, 2 Fabriken sind ganz oder teilweise abgebrannt.
6 öffentliche Gebäude, 9 Türme oder Torhäuser und 750 Meter der mittelalterlichen Stadtmauer sind zerstört.

ROTHENBURG ob der Tauber 1945, ZERSTÖRUNG und KRIEGSENDE, Verlag des Vereins Alt-Rothenburg 1995, S. 23; 30 - 31.

Gertrud Schubart
Der schwarze Tag (31. März 1945)

*Der Ostersamstag, strahlend schön,
schreckt Bürger auf mit heulender Sirene
und jagt sie eilends in die Keller.
Geschütze bellen ungewohnt. -
Aus feindlichen Maschinen
schlägt silbern das Verderben
und zitternd bebt die Stadt.
Danach ist Stille. -
Dann aber züngelt hundertfältig Not!
Sie ruft aus dem Versteck die Menschen.
Entsetzen würgt!
Als Antwort: Schreien, Klagen. -
Der Schmerz treibt - bettelnd um die Habe.
Von Dach zu Dach springt frech
der kecke Hahn,
wirft Ziegel in die Gassen.*

*Die Sonne finster, wallt in Grau, -
verdüstert sind die Wege. -
Bald eifern Feuersbrünste um die Wette
und hausen funkenstiebend bis zum Wall.
Die Angst kämpft bitter mit dem Leben;
doch unerbittlich ist der Tod.
Der Himmel ist hoch oben, - weit -.*

*Verzweifelt flüchten die Armen,
das Wenige drückt hart auf ihren Rücken.
Die Not gibt keine Zeit
für schwerbeladenen Wagen. -
Die Höllenschwaden peitschen
was noch lebt vor's Tor. -*

*Die Heimstatt, die der Fleiß und Wohlstand
einst geschaffen,
hat ihr Gesicht verloren,
die Seele brennt dahin. -
Der Krieg! Der Krieg!
Die Stunden lasten tränenschwer im Tag
Und viele Namen hat der Jammer. -
Der Abend selbst klagt noch
mit flammend roter Zunge
und stöhnt in Balken und Aschenglut.
Die neue Nacht schenkt keinen Frieden.
In schwarzer Schwermut
trägt sie ihr Gewand.*

*Gewiß ist nur der neue Tag,
dem keiner zu entgehen mag,
er fordert Kraft,
das Schicksal zu ertragen. – . . .*

(Unveröffentlichtes Manuskript)

Friedliches Feuerwerk bei den Reichsstadttagen

Leonhard Frank
*4.9.1882 in Würzburg
†18.8.1961 in München
Nach einer Schlosserlehre wird der Volksschüler Frank Labordiener, danach Dekorationsmaler in Rothenburg. Ab 1905 studiert er an der Münchner Kunstakademie, fünf Jahre später zieht er nach Berlin. Für seinen ersten Roman „Die Räuberbande" erhält er den Fontane-Preis. Als im Ersten Weltkrieg ein deutsches U-Boot ein britisches Passagierschiff mit 1198 Menschen versenkt, ohrfeigt er einen Journalisten, der dies als „größte Tat der Menschheitsgeschichte" preist. Um einem Prozess zu entgehen, flüchtet er in die Schweiz. Dort schreibt er die Antikriegs-Erzählung „Gut ist der Mensch". Anfangs verboten, wird sie dennoch zum Bestseller. Zu Beginn des Dritten Reichs emigriert Frank ein zweites Mal. Nach einer abenteuerlichen Flucht erreicht er Amerika. In Kalifornien ist er oft bei Thomas Mann zu Gast. 1950 kehrt er nach München zurück, weiterhin vom FBI überwacht. Er verfasst seinen Lebensbericht „Links, wo das Herz ist". In der jungen Bundesrepublik nimmt man Anstoß, dass er NS-Täter anprangert, die erneut Karriere machen, dass er die DDR besucht und sich gegen den Atomtod engagiert.

Nach dem Krieg - nur Ruinen, die Menschen, die Häuser - riesenhafte Stadtruinen (1954)

Am Schluss der „Deutschen Novelle" erzählt Frank, wie er - als Michael Vierkant - 1945 nochmals Rothenburg besucht und was ihm dort begegnet.

Der Maler Michael Vierkant, der im Frühjahr 1933 das vergewaltigte Land verlassen hatte, kehrte nach dem Weltkrieg als Dreiundsechzigjähriger nach Europa zurück. Michael gelangte in das bis ins Herz zerstörte Deutschland. Er suchte die Stätten seiner Jugend und fand sie nicht mehr.
In Rothenburg, das nur teilweise zerstört war, lebten viele Flüchtlinge, bar jeder Hoffnung, entnervte Gespenster aus den toten Stadtruinen, wo der Mensch in Schuttlöchern hauste, in Gesellschaft von Ratten, die verschüttete Leichen suchten und fanden. In den riesenhaften Stadtruinen führten jetzt die Ratten Krieg.
An einem wunderbar klaren frischen Julitag, es hatte am Morgen geregnet, ging Michael die trostlose Hauptstraße hinunter. Vor dem hohen handgeschmiedeten Gitter blieb er stehen. Er ging hinein. Das kleine Louis-XVI-Palais war jetzt eine Art Spital mit hundert Eisenbetten. In jedem lag der Rest eines Menschen. Ein paar, nur noch wandelnde Schatten ihrer Vergangenheit, konnten umherschleichen im verwüsteten Louis-XVI-Garten, der einstens aus ornamental geschwungenen Wegen und kunstvoll ausgesparten Rasenflächen bestanden hatte und nun aussah wie ein Müllablagerungsplatz...
Der Friedhof war nicht größer geworden. Die Toten Rothenburgs lagen im großen Friedhof Europa.

Leonhard Frank, Deutsche Novelle, Nymphenburger Verlagshandlung, München 1954, S. 170 - 171.

Der Rothenburger Gottesacker
(Alte Stadtansicht: Bild aus dem Reichsstadtmuseum Rothenburg)

Erich Maria Remarque
*22.6.1898 in Osnabrück
†25.9.1970 in Locarno
Erich Paul Remark - so sein eigentlicher Name - wählt den Beruf des Lehrers. 1916 erfolgt seine Einberufung zum Militär, 1917 die Versetzung an die Westfront. Bald jedoch wird er mehrfach verwundet und verbringt deshalb lange Zeit in einem Lazarett. Die Kriegserlebnisse - die eigenen wie die der Kameraden - führen zu einer pazifistisch antimilitärischen Haltung. Nach dem Ersten Weltkrieg unterrichtet er als Volksschullehrer. Dann versucht er sich als Agent für Grabsteine, als Organist, Theater- und Konzertkritiker, Werbetexter und Redakteur bei Zeitungen. Ab 1924 übernimmt er die französische Schreibweise des Familiennamens, die sein Großvater aufgegeben hatte.

Sein Roman „Im Westen nichts Neues" wird 1929 ein Welterfolg; Hollywood verfilmt ihn. Buch wie Film lösen in Deutschland heftige Kontroversen aus. 1933 verbrennen die Nationalsozialisten dieses Buch, weil es „gegen die Erziehung des Volkes im Geist der Wehrhaftigkeit" verstößt. Remarque emigriert von der Schweiz in die USA. Mit dem Emigrantenroman „Arch of Triumph" gelingt ihm nochmals ein Welterfolg. Ab 1948 lebt er mal in den USA, mal in der Schweiz.

Spitzweg'sches Idyll

Der Rosenpavillon

Erich Maria Remarque
Eine zweite Heimat für die verstörte Seele (1989)

Lieber Freund,
ich bin auf dem Wege zu Rothenburg ob der Tauber. Vor einigen Wochen habe ich einen Roman beendet: Die Nacht von Lissabon, die Geschichte eines heimatlosen Wanderers und einer heimatlosen Liebe, - und nun in der Leere, die immer einem solchen Abschied folgt, möchte ich selbst ein Stück Heimat empfinden. Warum ich da nach Rothenburg gehe und nicht in meine Heimatstadt, magst Du fragen. Das hat seinen Grund. Als ich, nach der Verbrennung meiner Bücher, Verlust meiner Staatsangehörigkeit und mehr als 15 Jahre Abwesenheit nach dem Kriege zum erstenmale in meine Heimat zurückkehrte, fand ich sie nicht wieder. Die Stadt war ein Trümmerhaufen geworden, in dem ich mich verirrte, als ich die Straßen meiner Jugend suchte. Alles, was ich tun konnte, war ein paar Ansichtspostkarten von vor dem Kriege zu erstehen. Das ist geblieben. Ich fuhr weiter durch das zerschlagene und zerstörte Land. Dann kam ich nach Rothenburg. Und hier war plötzlich der Friede. Die Stadt stand da wie früher mit ihren Winkeln und Mauern und Gassen und Türmen, unberührt von all dem Furchtbaren, wie eine Bastion der Hoffnung, des Trostes und eine zweite Heimat für die verstörte Seele. Sie ist es für mich geblieben. Inzwischen hat man das andere wieder aufgebaut, mit Fleiß, Treue und viel Geschick. Der Krieg ist schon fast vergessen, und morgen fliegen wir vielleicht schon zum Mond, - aber Rothenburg mit seinem Zauber bleibt unverändert. Ich will wieder hinfahren und eine Flasche fränkischen Wein dort trinken, wo ich erfahren habe, daß Heimat kein geographischer Begriff ist, sondern ein emotioneller, - und daß er nicht von gemauerten Steinen abhängig ist, sondern von offenen Herzen. Komme doch auch! Noch sind wenige Touristen da!
Dein Erich Maria Remarque

Martin Balbach, Rothenburg ob der Tauber, Josef Keller Verlag, Starnberg 1989, S. 44 - 45.

Gunter Haug
Mitterand als Flüchtling versteckt (2005)

Die zweifellos interessanteste Erkenntnis meiner Recherche war und bleibt jedoch die Tatsache, dass auch entflohene französische Kriegsgefangene den Weg nach Rothenburg gefunden haben. Mitten in die Stadt hinein, zum Alten Keller 17, zu Maria Staudacher - und anschließend ist es weitergegangen. Nach Süden. Immer weiter. Am besten zur Schweizer Grenze. Doch - es muss in dieser Zeit ein beeindruckend funktionierendes großes Vermittlungsnetz existiert haben, allem Naziterror zum Trotz. Eine Art „Rote Kapelle" der kleinen Leute. Über die Kirchen, über die Kommunisten und die Sozialdemokraten. ...
Thilo Pohle ... hat damals im Jahr 1981 Willy Brandt und den späteren französischen Staatspräsidenten Francois Mitterand gesehen, wie sie suchend durch die Rothenburger Gassen gelaufen sind.
Im heutigen, so genannten Alten Stadtgraben ist er ihnen begegnet, wusste aber nicht, was sie eigentlich gesucht haben. Nämlich ein kleines Haus, eines der kleinsten von Rothenburg, in dem Mitterand damals mitten im Zweiten Weltkrieg Unterschlupf gefunden hatte. Am 8. März 1941. Als aus dem Arbeitslager Schaala bei Rudolstadt entflohener deutscher Kriegsgefangener. Zusammen mit seinem Gefährten, dem Vikar Xavier Leclerc. ...
Auch bei meiner Mutter Gretel stellt sich die Erinnerung wieder ein. ... Angst habe man als Kind vor diesen Leuten gehabt, die sich immer nur stumm im Haus bewegt hätten. Dunkle Augen, ausgeprägte Augenbrauen: genau wie der Mann hier auf dem Foto, das ich ihr zeige. Ja, genau so hat er ausgesehen, identisch mit dem Bild des Francois Mitterand als junger Mann.
Wir haben noch weitergeforscht, mein Onkel Fritz Staudacher und ich. Haben den erstaunlichen Mitterand-Besuch im März 1981 als Grundlage für die Recherchen genommen. Als er zusammen mit Willy Brandt seine ehemalige Fluchtroute durch Deutschland abgefahren ist. Und überall Pressekonferenzen abgehalten hat. In Rudolstadt, in Nürnberg, in Villingen, in Spaichingen (wo seine Flucht im dortigen Gefängnis endete).

Nur nicht in Rothenburg. Dorthin ist er auf seinen ausdrücklichen Wunsch hin ohne großen Presserummel gekommen und hat im „Goldenen Hirsch" übernachtet. Ja, doch, Mitterand habe damals etwas gesucht, bestätigt mir der damalige Referent von Willy Brandt, Thomas Mirow, der dann Wirtschaftssenator in Hamburg wurde. Ein kleines Haus habe Mitterand gesucht - aber leider nicht gefunden.

Weitere Spurensuche im Bonner Willy-Brandt-Archiv, wo die Unterlagen der damaligen Reise aufbewahrt werden. Volltreffer! Versteckt unter Speisevorschlägen, Zeitungsausschnitten und Hotelrechnungen finden wir einen Stadtplan von Rothenburg. In französischer Sprache. Samt einem Kreuz für genau jene Stelle, an der dieses Haus noch heute steht. Der Alte Keller 17, das Haus, in dem Maria Staudacher den Flüchtling Mitterand versteckt hat. Unter dem Kreuz der handschriftlich in Französisch geschriebene Vermerk für „Alter Keller". Dennoch hat er es nicht gefunden, bei seiner Suche an diesem Morgen, an dem ihm Thilo Pohle begegnet ist. Es ist nicht ganz einfach, sich in den verwinkelten Gassen von Rothenburg zurechtzufinden. Selbst mit Stadtplan nicht. ....

Auch Roland Dumas, der ehemalige französische Außenminister und enge Freund von Francois Mitterand hat diese selbstlose Handlungsweise einer einfachen Frau mittlerweile gewürdigt. Die so viel für die in Not geratenen Menschen getan hat. Ohne lange nach ihrem eigenen - durchaus vorhandenen - Risiko zu fragen und abzuwägen. ... Ein Beispiel müsse sie uns allen sein, diese einfache Frau, deren Geschichte man auf keinen Fall vergessen dürfe.

Am 6. März 2003 ist von Bundesfamilienministerin Renate Schmidt eine Gedenktafel im Alten Keller 17 enthüllt worden für „Niemands Tochter", für Maria, die in diesem Jahr vor einhundert Jahren geboren worden war. Wie hat sich die Ministerin ausgedrückt? Dass es eine Gedenktafel sei, stellvertretend für eine von tausend Menschen, die es damals eben auch gegeben hat! Die es genauso wert sind, wie die Großen, dass an sie, die kleinen Leute, erinnert wird. Menschen, die über allen Kriegswahnsinn hinweg Zeichen der Menschlichkeit gesetzt haben - unter Lebensgefahr.

Gunter Haug, Niemands Mutter, AgentK Brackenheim, 1. Auflage 2005, S. 430 - 436.

Ruth Vander Zee
Geboren in der Nähe Chicagos – verheiratet – drei Kinder – Schriftstellerin und Lehrerin - wohnhaft in Miami/Florida: mehr gibt selbst die eigene Homepage nicht preis. Ihr erstes Buch in Amerika trägt den Titel „6.000.000 Sterne", als „Erikas Geschichte" erscheint es in Deutschland. Beide Ausgaben erhalten Auszeichnungen: hierzulande 2003 den „Luchs", einen Literaturpreis für Kinder und Jugendliche, verliehen von „Die Zeit" und von „Radio Bremen". Die folgenden Erlebnisse gehen auf eine wahre Geschichte zurück.

Erika: Auf der Fahrt in den Tod ins Leben geworfen (2003)

Fünfzig Jahre nach Ende des Zweiten Weltkriegs, im Jahr 1995, begegnete mir die Frau aus dieser Geschichte. Mein Mann und ich saßen in Rothenburg ob der Tauber auf einer Bank.... Die neben uns sitzende Dame (stellte sich) vor. Sie hieß Erika und wollte wissen, ob wir auf Reisen seien.
Als ich ihr erzählte, dass wir zwei Wochen in Jerusalem verbracht hatten, sagte sie mit sehnsuchtsvoller Stimme, dass sie immer einmal nach Jerusalem habe fahren wollen. Doch die Reise habe sie sich nicht leisten können.... Dann erzählte sie mir ihre Geschichte.
Zwischen 1933 und 1945 wurden sechs Millionen Angehörige meines Volkes ermordet. Viele wurden erschossen. Viele wurden verhungern gelassen. Viele wurden verbrannt oder vergast.
Ich nicht. Ich wurde irgendwann während des Krieges geboren. Ich kenne mein Geburtsdatum nicht. Ich kenne meinen Geburtsnamen nicht. Ich weiß nicht, in welcher Stadt oder in welchem Land ich geboren wurde. Ich weiß nicht, ob ich Geschwister hatte oder habe.
Was ich weiß, ist, dass ich nur wenige Monate alt war, als ich vor dem Holocaust gerettet wurde. Ich versuche oft, mir das Leben meiner Familie in unseren letzten gemeinsamen Wochen vorzustellen. Ich stelle mir vor, dass meiner Mutter und meinem Vater alles genommen wurde, was sie hatten, und dass sie aus ihrem Zuhause vertrieben und in ein Ghetto umgesiedelt wurden.
(Erika stellt Vermutungen darüber an, wie es im Ghetto gewesen sein könnte. Wie die Eltern in einem Viehwagen abtransportiert wurden. Welche Zeit sie im Zug verbracht hatten, durch welche Landschaft er gefahren ist).
Ich stelle mir vor, dass meine Mutter mich an sich drückte, um mich vor dem Gestank, dem Geschrei, der Angst in diesem überfüllten Wagen zu beschützen. Inzwischen wusste sie zweifellos, dass dieser Zug sie nicht in Sicherheit bringen würde. Ich frage mich, wo sie stand. Mitten im Wagen vielleicht. Stand mein Vater neben ihr? Hat er ihr gesagt, sie solle tapfer sein? Haben sie darüber gesprochen, wie sie sich verhalten sollten?
Wann haben sie ihren Entschluss gefasst? Hat meine Mutter gesagt „Verzeihung, Verzeihung, Verzeihung"? Hat sie sich durch die vielen Menschen zur hölzernen Wagenwand durchgedrängt? Und als sie mich in eine warme Decke gewickelt hat, hat sie dabei meinen Namen geflüstert? Hat sie mein Gesicht mit Küssen bedeckt und mir gesagt, dass sie mich liebe? Hat sie geweint? Hat sie gebetet?
Als der Zug in einem Dorf sein Tempo verlangsamte, muss meine Mutter durch die Öffnung oben unter dem Dach des Viehwaggons geschaut haben. Zusammen mit meinem Vater muss sie versucht haben, den Stacheldraht, der das Loch bedeckte, beiseite zu schieben. Vielleicht haben die Umstehenden geholfen. Meine Mutter muss mich über ihren Kopf in das trübe Tageslicht gehoben haben. Was dann passiert ist, ist das Einzige, was ich mit Sicherheit weiß.
Meine Mutter hat mich aus dem Zug geworfen.
Sie warf mich auf eine kleine Wiese neben einem Eisenbahnübergang. Menschen, die dort standen, die den Zug vorüberlassen wollten, sahen, wie sie mich aus dem Viehwagen warf. Auf ihrer Fahrt in den Tod warf meine Mutter mich ins Leben.
Jemand, der in der Nähe stand, hob mich auf und brachte mich zu der Frau, die dann für mich gesorgt hat. Sie hat ihr Leben für mich aufs Spiel gesetzt. Sie schätzte mein Alter und gab mir ein Geburtsdatum. Sie nannte mich Erika. Sie gab mir ein Zuhause. Sie gab mir Essen, sie gab mir Kleidung und schickte mich in die Schule. Sie war gut zu mir.
Mit einundzwanzig Jahren heiratete ich einen wunderbaren Mann. Er befreite mich von der Traurigkeit, die mich erfüllte, und er verstand meine Sehnsucht nach einer Familie. Wir bekamen drei Kinder und die haben jetzt ihre eigenen Kinder. In ihren Gesichtern sehe ich mein eigenes.
Einst hieß es, mein Volk werde so zahlreich sein wie die Sterne am Himmel. Zwischen 1933 und 1945 sind sechs

Millionen von diesen Sternen ausgelöscht worden. Jeder Stern steht für einen Menschen aus meinem Volk, dessen Leben zerstört und dessen Familie auseinandergerissen wurde.
Heute hat mein Baum wieder Wurzeln. Und mein Stern leuchtet noch immer.

Ruth Vander Zee, Erikas Geschichte, Patmos Verlag Sauerländer Verlag, Düsseldorf 2003, Ohne Seitenzahlen.

Herbst am Klingentor
"Die Blätter fallen ...
Wir alle fallen ...
Und doch ist Einer, welcher dieses Fallen unendlich sanft in seinen Händen hält."
(R. M. Rilke)

LITERARISCHE VERARBEITUNG

Rudolf Georg Binding
*13.8.1867 in Basel
†4.8.1938 in Starnberg
Binding studiert Rechtswissenschaft, zusätzlich Medizin. Doch bald erweist sich sein Interesse für Literatur und Pferde als größer. Er wird Rennreiter und Pferdezüchter. 1928 erhält er die Silbermedaille bei den Olympischen Spielen in Amsterdam für sein Buch „Reitvorschrift". Nach dem Ersten Weltkrieg ist Binding als freier Schriftsteller tätig. Mit Vorliebe arbeitet er an Kurzgeschichten, Novellen, autobiographischen Erzählungen und Legenden. Immer neu wird die „Moselfahrt aus Liebeskummer" aufgelegt. Anfangs verteidigt Binding die Nationalsozialisten. Die Folge: Sie gebrauchen und missbrauchen ihn als Aushängeschild. Später jedoch geht er auf Distanz zu dem „Radaupöbel".

Die Geschichte vom Zopf von Rothenburg (1911)

In Rothenburg ob der Tauber hängt, wie die Stadt über dem Flußtal, ein schöner blonder Zopf ob der klarfließenden Gosse, welche an dem Laden eines Haarkünstlers, der dort sein unerklärliches, goldenes Gewerbe treibt, vorbeifließt. Der blonde Zopf ist sehr schön anzusehen, wenn er in der Sonne glänzt - und im Jahre 1911 hatte er gut glänzen, denn es war allzeit Sonnenschein auch in Rothenburg ob der Tauber. Jeden Morgen, wenn die Städter erwachen, hängt er, sauber und glänzend ausgekämmt, in breiter, niederwallender Fülle über dem abfallenden Bürgersteig und unter den beiden blanken Schaumbecken, mit denen zusammen er ein einladendes Wahr- und Gewerbezeichen für den Barbier bildet, dem er gehört. ...

„Sie haben da einen prachtvollen Zopf als Ladenschild", sagte ich zu dem hinter mir stehenden Künstler, als ich aus dem Laden heraustrat, wo ich einen Teil meines Haupthaares gelassen hatte. ...

„Tja", sagte der Friseur, „er hat mich zwei Taler gekostet."

„Aber er ist viel mehr, vielleicht seine zehn Taler unter Brüdern wert", sagte ich aufs Gratewohl und wußte nicht, ob ich dem Blonden Recht oder Unrecht damit tat. „Sie müssen ihn wohl allabendlich hereinnehmen?", fragte ich in einer mir selbst ganz unerklärlichen Anteilnahme an dem Geschick dieses Gegenstandes.

„Doch nicht", erwiderte der Ladeninhaber. „Es hat nämlich eine Bewandtnis mit dem Zopf. Ich brauche keine Angst zu haben, daß er mir gestohlen wird, noch daß ihn der Nachttau trifft und ihn unansehnlich macht. Jeden Morgen hängt er vielmehr gestrählt und gebürstet glänzender denn je an seinem Ort. Aber ich weiß nicht, wie das zugeht..."

„Von wem haben Sie denn den Zopf gekauft?", fragte ich erstaunt und sehr neugierig. ... „Tja", sagte der Besitzer des Wunders, „das scheint eben das Geheimnis. Der Zopf ist blond und die Haare sind jung, und ich kenne jedes Mädchen im Städtchen; aber ich kenne keine, der ihr Zopf fehlt. ... Hergebracht hat ihn eine alte Jüdin, die ich wohl kenne; sonst handelt sie mit Altertümern; aber herauszubringen ist nichts aus ihr. Ich habe auch nicht gefragt; der Zopf war zu billig! Da soll man nicht nach seiner Herkunft fragen."

(Der Erzähler beschließt, „selbst ein Geheimnis zu ergründen, dem vielleicht ein Stückchen Poesie anhaften mochte." Dazu postiert er sich einige Nächte gegenüber dem Friseurladen. Als eine junge Frau die Gaslaterne löscht, schnappt sie sich auch den Zopf. Sie wird zur Rede gestellt.)

„Der Zopf, sehen Sie, war noch vor kurzem mein eigen und hing mir über dem Nacken. Aber, sehen Sie, ich hatte gar kein Geld. Und ich brauchte doch Geld, um des Nachts zu meinem Geliebten zu fahren, der Polizeidiener in Steinach ist. Er konnte doch nicht fort, denn er kriegte keinen Urlaub. Und auf seine Stellung wollen wir doch heiraten; also durft' er nichts riskieren. Er konnte mir auch kein Geld geben und ich hätte keines von ihm genommen. - Nun war da mein Zopf, der war das einzige, was ich besaß. Ohne Geld nimmt mich die Bahn nicht nach Steinach hinunter; ich mußte ihn doch jede Nacht sehen; umsonst wollte ich dem Vater nicht seine Pflicht ausgeredet und die Gaslaternen allnächtlich gelöscht haben. Also macht' ich den Zopf zu Geld. Ach, es fiel mir schwer, Herr! Denn mein Geliebter, der liebte das volle blonde Haar, und als es abgeschnitten war, da weinte ich sehr. Sehr, Herr. Aber: es war ja kindisch; ich hätte mir's eher überlegen sollen. Und dann: ich brauchte doch das Geld!

Die jüdische Trödlerin im Städtchen ist verschwiegen: die verkaufte den Zopf an jenen Friseur und brachte mir das Geld. Aber als ich es hatte, wußte ich doch nicht, wie ich es wagen sollte, meinem Geliebten ohne das Haar, das er so oft auflöste und in dem er sein Gesicht begrub, unter die Augen zu kommen; so entstellt war ich. Da ging ich abends mit einem um den Kopf geschlagenen Tuch durch die Stadt, damit die Leute nicht das Fehlen meines Haares bemerkten, und tagsüber beschloß ich zu Haus zu bleiben. Und ich sah meinen Zopf unter den goldenen Schaumbecken schaukeln, und als ich ihn sah, kam mir der Gedanke, ihn dennoch zu tragen, obgleich er bezahlt war und ich Geld dafür bekommen hatte. Es war nicht Eitelkeit, Herr; wirklich nicht. Aber mein Geliebter liebte doch das Haar so sehr. Ich betete fast, der Friseur möge den Zopf vergessen und er abends draußen hängenbleiben. …
Und dann betrog ich meinen Bräutigam, indem ich den Zopf auf den Kopf steckte und so zu ihm ging; jede Nacht. Aber er hatte eine solche Freude an meinem Haar, daß ich's ihm nicht zu sagen wagte, daß es nicht mehr mein eigen sei. Und als ich's ihm das erste Mal verschwiegen hatte, gelang es mir erst recht nicht, ihm das nächste Mal die Wahrheit zu gestehn."
„Und heute nacht?", frage ich.
„Heute nacht fahr ich nicht mehr zu ihm. Denn morgen sollte die Hochzeit sein, zu der er Urlaub erhalten hat. Dann kommt meine Schande zutage. Ich muß ohne Zopf in der Kirche stehn; alle werden lachen, die mich mit meinem Schmuck früher bewunderten; und mein Geliebter wird mich nicht mehr mögen in meiner Entstellung."
Sie strähnte den Zopf zärtlich. „Ich darf ihn doch nicht stehlen", sagte sie. „Und so muß ich ihn wieder an seinen Ort hängen. Ist es nun sehr schlimm, was ich tat?", fragte sie zweifelnd.

„Sehr", sagte ich lachend. Und am andern Morgen habe ich einer Braut einen Zopf zum Hochzeitsgeschenk gemacht. Aber obgleich der Haarkünstler von Rothenburg sich schwer von seinem Prachtstück trennte und viel Geld dafür erpreßte, war es, wie mir scheint, gut angewandt. Das ungefähr ist die Geschichte vom Zopf in Rothenburg.

Rudolf G. Binding, Heiter erzählt. Eine Prosa-Auswahl von Albrecht Wolfinger, Heilbronn, ohne Jahreszahl, Eugen Salzer Verlag, S. 7 - 17.

Ein blankes Schaumbecken des Barbiers in der Galgengasse

Paul von Heyse

Das Glück von Rothenburg (1881)

Hans Doppler, Architekturmaler, lernt bei einer Bahnreise nach Hause eine russische Generalsgattin kennen. Sie interessiert sich für seine Studien, ebenso für seine Heimatstadt. Es kommt zur Romanze mit der exotisch-vornehmen Dame. Und das, obgleich er das Glück in Rothenburg gefunden hat - denn er ist glücklich verheiratet. Nun erklärt er der Fremden die Stadt:

Ich habe die Ostertage benutzt, um in Nürnberg mit einem Kunsthändler ... Rücksprache zu nehmen. Ich möchte alle diese Blätter in einem chromolithographischen Werk herausgeben. Zwar habe ich schon manche Vorgänger, doch ist Rothenburg noch immer nicht so bekannt, wie es verdient.
Rothenburg?
Freilich. Dies sind ja alles Rothenburger Ansichten. Ich dachte, Sie wüßten es, gnädige Frau, da Sie nicht fragten.
Rothenburg? Wo liegt das?
Ei, an der Tauber, nicht mehr viele Stunden von hier. Aber Sie kennen es wirklich nicht! Haben Sie noch nie den Namen nennen hören?
Sie müssen meine geographische Ignoranz mir schon zugute halten, versetzte sie mit einem Lächeln, da ich keine Deutsche bin. Aber ich habe viel mit Deutschen verkehrt und gestehe Ihnen, bisher noch nie den Namen Rothenburg an der - wie war es doch - an der Taube? - gehört zu haben.
Er lachte und hatte auf einmal alle Befangenheit verloren, als ob er nun doch eingesehen hätte, wie sehr er in einem wichtigen Punkt dieser vornehmen Dame überlegen sei.
Verzeihen Sie, sagte er, daß ich es mit Ihnen gemacht habe, wie alle Rothenburger mit jedem Fremden, obwohl meine Wiege nicht am Ufer des Tauberflüßchens gestanden hat. Wir sind alle so in unsere Stadt vernarrt, daß wir uns nicht gut denken können, wie es in einem Menschen aussieht, der gar nichts von Rothenburg weiß. Als ich vor neun Jahren zum ersten Male hinkam, wußte ich selbst nicht viel mehr von der alten freien Reichsstadt, als daß sie auf einem hoch aus dem Flußtal aufsteigenden Plateau, ähnlich wie Jerusalem, gelegen, mit Mauern und Türmen noch ganz wie vor einem halben Jahrtausend umgürtet sei und die Ehre habe, die Urahnen meines Geschlechts zu ihren Mitbürgern gezählt zu haben. Ich erlaube mir nämlich, mich Ihnen vorzustellen, mein Name ist Hans Doppler.
Er verneigte sich lächelnd vor ihr und sah sie dabei prüfend an, als erwarte er, dieser Name werde sie in eine freudige Aufregung versetzen, etwa wie wenn er ihr mitgeteilt hätte, daß er sich Hans Kolumbus oder Gutenberg nenne. Sie veränderte aber keine Miene.
Doppler, fuhr er etwas unsicherer fort, ist nämlich die neuere Schreibung des Namens Toppler, der im vorigen Jahrhundert in der Seitenlinie, der ich angehöre, Eingang fand. Doch ist es urkundlich gewiß, daß der Ahnherr unserer Familie kein geringerer war, als der große Rothenburger Bürgermeister Heinrich Toppler, von dem Sie ohne Zweifel gehört haben werden.
Sie schüttelte, offenbar durch seine naive Zuversicht belustigt, den Kopf.
Ich bedaure, daß meine historischen Kenntnisse ebenso lückenhaft sind, wie meine geographischen. Was aber hat Ihr Ahnherr getan, daß es eine Schande ist, ihn nicht zu kennen? ...
Nun hing sie wieder an seinem Arm, als sie in die Stadt zurückkehrten, und er führte sie geradewegs nach der alten Jakobskirche, dem eigentlichen Münster der Stadt. Sie beschaute sich indessen den schönen gotischen Bau mit viel geringerem Interesse, als er gedacht hatte; und selbst die drei berühmten Altäre mit ihren trefflichen Schnitzarbeiten ließen sie kalt. Nur die gläserne Kapsel an dem einen, in welchem das heilige Blut aufbewahrt wird, starrte sie lange an und schlug ein Kreuz. Er dachte, ihr zu imponieren, indem er ihr sagte, den Hochaltar habe Heinrich Toppler gestiftet, samt den Gemälden von Michael Wohlgemuth, und ihr das Wappen des großen Bürgermeisters mit den zwei Würfeln zeigte. Sie aber gähnte leicht durch die Nase und verlangte ins Freie hinaus. Dann erregte wieder der schwarze Fleck an der Wölbung jener Durchfahrt, unter welcher die Straße mitten durch die Kirche hindurchführt, ihr Interesse. Ein Bauer, erzählte er ihr, der mit Flüchen sein Gespann hier durchgetrieben, sei vom Teufel gepackt und hoch an das Deckengewölbe geschleudert worden; der Leib ist herabgefallen, die arme Seele aber droben festgeklebt.
Da lachte sie, daß ihre Zähne blitzten. Ihr seid närrische Antiquitätenhändler, ihr Herren von Rothenburg! rief sie. Und nun lassen Sie mich noch Ihr Rathaus sehen, und dann basta für heut!
Wissen Sie wohl, sagte sie, als sie den kurzen Weg nach dem Markt zurücklegten, daß es mir vorkommt, als sei dies deutsche Pompeji von lauter guten Menschen

bewohnt, deren Treu und Redlichkeit genauso wie die alten Steine ein paar Jahrhunderte lang verschüttet gewesen und nun wieder ans Licht gekommen sei? Ich habe noch kein boshaftes Gesicht hier gesehen. Alles grüßt sich, es ist wie eine große wohlerzogene Familie, wo jeder sich gesittet beträgt, weil er von allen anderen im Auge behalten wird. Auch Sie werden einmal flotter und unternehmender in die Welt gesehen haben. Jetzt haben Sie denselben Pietätsblick. Sie müssen es mir nicht übel nehmen, wenn ich manchmal eine kritische Miene mache. ...

Wie sie dann durch das Burgtor traten auf das schmale, mit Bäumen und zierlichen Büschen bepflanzte Vorgebirge des Plateaus, das vor Jahrhunderten das eigentliche Rothenburg getragen hatte, äußerte sie lebhaftes Vergnügen an dem noch kahlen Gezweig, dem alten Pharamundsturm und dem Ausblick nach rechts und links. Da wurde auch er wieder munterer, zeigte ihr jetzt den kleinen Wasserturm unten im Tal, den Heinrich Toppler erbaut und in dessen bescheidenem Raum er den König Wenzel gastlich aufgenommen hatte, - und dort oben, sagte er, wo Sie die vier kleinen Fenster sehen - die Hauswand bildet einen Teil der Stadtmauer -, da wohne ich.

Paul von Heyse, Gesammelte Werke, Erste Reihe, Bd. IV, Das Glück von Rothenburg, Cottasche Buchhandlung Nachfolger Verlagsanstalt Hermann Klemm, Stuttgart-Berlin-Grunewald 1979, S. 348 - 350; 368 - 369; 373.

Thomas Mann

*6.6.1875 in Lübeck

†12.8.1955 in Zürich

Thomas Mann entstammt einer wohlhabenden Patrizierfamilie, sein Vater ist Kaufmann und Senator in Lübeck. Der junge Mann tritt zunächst ein Volontariat in einer Versicherungsgesellschaft an, versucht sich aber nebenbei auch literarisch. Da bereits seine erste Veröffentlichung Erfolg hat, beendet er seine Versicherungstätigkeit und besucht Vorlesungen an der Technischen Hochschule in München. Als Volljähriger darf er über die Zinsen aus dem väterlichen Vermögen verfügen. Mann wird freier Schriftsteller. 1901 erscheint sein erster Roman „Buddenbrooks". Für dieses Werk wird ihm 1929 der Nobelpreis für Literatur verliehen. Den Ersten Weltkrieg begrüßt er mit einem „verhaltenen Patriotismus". Ab 1922 verteidigt er entschieden die Demokratie und widersteht dem Nationalsozialismus von Anfang an. Er emigriert über die Schweiz nach Amerika. In Rundfunkansprachen wendet er sich an die Deutschen, das Dritte Reich attackierend. Nach dem Zweiten Weltkrieg kommt es in den Staaten zur Anklage gegen ihn; man bezichtigt ihn der Nähe zum Kommunismus. 1952 gibt er seinen amerikanischen Wohnsitz auf und lässt sich in der Schweiz nieder.

Thomas Mann, einer der großen Epiker der Weltliteratur, bezieht für sein Schaffen starke Impulse aus Wagners und Schönbergs Musik, aus Schopenhauers und Nietzsches Philosophie. Seine Werke speisen sich aus einer unbändigen Kreativität und einer jahrelangen Kleinarbeit. Der Roman „Doktor Faustus", aus dem zitiert wird, gilt als geistiges Vermächtnis an seine Landsleute.

Thomas Mann
Ein Ort, wie vor dreihundert, vor neunhundert Jahren (1966)

Es ist über die Stadt, von der ich nun doch lieber in der Vergangenheit spreche, da es ja das Kaisersaschern unseres Jugenderlebnisses ist, von dem ich rede, - es ist von der Stadt zu sagen, daß sie atmosphärisch wie schon in ihrem äußeren Bild etwas stark Mittelalterliches bewahrt hatte. Die alten Kirchen, die treulich konservierten Bürgerhäuser und Speicher, Bauten mit offen sichtbarem Holzgebälk und überhängenden Stockwerken, Rundtürme mit Spitzdächern in einer Mauer, baumbestandene Plätze, mit Katzenköpfen gepflastert, ein Rathaus, im Baucharakter zwischen Gotik und Renaissance schwebend, mit einem Glockenturm auf dem hohen Dach, Loggien über diesem und zwei weiteren Spitztürmen, welche sich, Erker bildend, die Front hinunter bis zum Erdgeschoß fortsetzen, - dergleichen stellt für das Lebensgefühl die ununterbrochene Verbindung mit der Vergangenheit her, mehr noch, es scheint jene berühmte Formel der Zeitlosigkeit, das scholastische Nunc stans an der Stirn zu tragen. Die Identität des Ortes, welcher derselbe ist wie vor dreihundert, vor neunhundert Jahren, behauptet sich gegen den Fluß der Zeit, der darüber hingeht und vieles fortwährend verändert, während anderes - und bildmäßig Entscheidendes - aus Pietät, das heißt aus frommem Trotz gegen die Zeit und aus Stolz auf sie, zur Erinnerung und der Würde wegen stehenbleibt.

Thomas Mann, Doktor Faustus, Deutsche Buchgemeinschaft, Darmstadt 1966, S. 51.

Obwohl Thomas Mann Rothenburg nie besuchte, erfährt er in seinem kalifornischen Exil dennoch etliches darüber. Vor allem von Leonhard Frank, der in der Tauberstadt eine Lehre als Anstreicher begonnen hat. Jahrzehnte später macht Frank als Schriftsteller Rothenburg zum Schauplatz der „Deutschen Novelle". Aus diesem Manuskript liest er Thomas Mann vor. Später, nach Veröffentlichung der Novelle, kommentiert sie der damalige Zuhörer. Darin drückt Mann aus, was ihn an der Stadt und der Novelle so fasziniert: „Das dichterisch überaus getroffene Milieu der altdeutschen Kleinstadt (Rothenburg ob der Tauber), das Handwerkliche, worin der ehemalige Mechaniker und Schlosser so exakt Bescheid wußte und dem er wiederum einen spezifisch ‚deutschen' Nimbus zu geben verstand; das leidend Psychologische auf Grund der Geschichte, nämlich das Auseinanderfallen von Sexus und Eros, und die geheime Dämonie des Ganzen -

Von St. Jakob zu den beiden Giebeln des Rathauses

dies alles zog mich außerordentlich an…"
(Leonhard Frank, Links, wo das Herz ist, S. 151)
Literaturwissenschaftler stimmen weitgehend überein: Die obige Beschreibung des Rathauses von Kaisersaschern gibt nicht das Ratsgebäude von Manns Geburtsstadt Lübeck wieder, sondern den Bürgerbau von Rothenburg. In „Doktor Faustus" findet sich ein weiterer Bezug zur Tauberstadt: So stammt der Name des Theologen „Ehrenfried Kumpf" von dem Rothenburger Bürgermeister aus der Zeit des Bauernkriegs.

Heinrich Wilhelm Bensen, Geschichte des Bauernkriegs in Ostfranken, Erlangen 1840, S. 261 und H.-U. Kolb, Neue Quellen zu Thomas Manns Roman „Doktor Faustus", Braunschweig 1971, S. 23.

Der Bauernkrieg und die Tragödie des Florian Geyer

Fränkische Bauern aus Dörfern um Rothenburg nehmen 1525 die Zwölf Artikel aus Oberschwaben auf. Sie fordern: „Es sollen alle Geistlichen und Weltlichen, Edle und Unedle hiefür sich des gemeinen Bürger- und Bauernrechts halten und nit mehr sein dann ein anderer gemeiner Mann." Damit bestehen die Bauern etwa 250 Jahre vor der Französischen Revolution auf Rechtsgleichheit. Ihr Recht untermauern sie mit Luthers „Freiheit eines Christenmenschen". Anfangs verteidigt Luther sie, doch als sie zur Gewalt greifen, wendet er sich scharf gegen sie. Anführer des Bauernheeres wird Florian Geyer. In der Rothenburger Jakobskirche verkündet er die Bauernartikel. Viele Bürger aus der Mittel- und Unterschicht verbünden sich mit den Aufständischen, selbst der Altbürgermeister Kumpf. Ein Bürgerausschuss ersetzt den Rat der Stadt. In Rothenburg agiert auch Karlstadt, einst Luthers Förderer, nun dessen Feind. Bei der kirchlichen Erneuerung geht er weit über Luthers Forderungen hinaus.

Das Bauernheer zieht mit Florian Geyer Richtung Würzburg; bei Königshofen wird es schließlich vernichtend geschlagen. In Rothenburg stellt danach Markgraf Kasimir aus Ansbach mit einem blutigen Strafgericht die alte Ordnung wieder her. Vor den versammelten Einwohnern werden 37 Bürger und Bauern hingerichtet, darunter der Rektor Besenmayer und der Ratsherr von Menzingen.

Gerhart Hauptmann verdichtet dramatisch das Schicksal Florian Geyers. 1892 unternimmt er eine Studienreise nach Franken, um die Kulisse des Bühnenstückes authentisch gestalten zu können. Zwei Akte der Tragödie spielen in Rothenburg. Hauptmann schildert das Schicksal Geyers, ebenso die Vorbehalte ihm gegenüber. Die einen halten ihn für einen „Junker", den anderen ist er nicht fromm genug.

Gerhart Hauptmann
*15.11.1862 in Ober-Salzbrunn (Schlesien)
†6.6.1946 in Agnetendorf (Schlesien)
Welche Ausbildung Hauptmann auch wählt, meist ist sie nur von kurzer Dauer: die Realschule Breslau, die Landwirtschaftslehre auf einem Rittergut, die Breslauer Kunst- und Gewerbeschule für Bildhauer, das Geschichtsstudium in Jena, als Bildhauer in Rom, als Zeichenschüler in Dresden, als Gasthörer der Universität Berlin. Die Ehe mit Marie Thienemann, Tochter eines Großkaufmanns, sichert seinen Lebensunterhalt, und so kann Hauptmann freier Schriftsteller werden. Das Drama „Vor Sonnenaufgang" macht ihn schlagartig bekannt. Schnell folgen weitere Bühnenstücke: „Die Weber", „Fuhrmann Henschel", „Der rote Hahn", „Rose Bernd". Für sie alle gilt: Die Veröffentlichung wie die Aufführung rufen Skandale hervor. Sein Drama „Die Weber" übt heftige Sozialkritik. Es wird zum größten Theatererfolg dieser Zeit und verschafft Hauptmann Weltgeltung. Nicht weniger erfolgreich sind seine Erzählungen. Ob in Drama oder Erzählung, Hauptmann gelingen am besten die „passiven Helden", die Unterdrückten, die Leidenden. Hauptmann wird oft ausgezeichnet; seine bedeutendste Ehrung ist der Nobelpreis für Literatur 1912.

Gerhart Hauptmann
Florian Geyer 2. Akt

In der Trinkstube von Kratzers Gasthaus am Markte zu Rothenburg. ...
MENZINGEN: Hast du von toten Fischen geträumt, oder ist dir ein Hase über den Weg gelaufen?
GEYER: Es leid't mich nit meh, ich möchte drei Klepper totreiten und je eher je lieber wieder in Würzburg sein. Gereuet mich fast, daß ich bin fortgangen. Er trinkt. Ein guter Trunk, Bruder.
KRATZER: Glaub's schon! Fritz Teuber, der Ratsknecht hat ihn gebracht, vier Kannen voll, zu einer Verehrung von Euch vom Hohen Rat.
GEYER: (lachend.) Daß dich die Drüs! Die Ehrbarkeit schenket mir alten Wein. Gott geb's, daß ihr der neue, den ich hereingebracht hab, also wohl eingehe als mir der alte.
MENZINGEN: (aus einem Schrank des Wirtes ein Messgewand und Kruzifix vorziehend.) Zween feiner, kunstreicher Stück. ... Gerettet haben wir sie vor dem Karlstatt und seinem blinden Wüten. Er meinet, sollt kein Maler mehr eine Tafel malen, auch kein Bild mehr schnitzen, alles in dem Herzen gemalet sein.
GEYER: (das Kruzifix betrachtend.) Gott grüß die Kunst!
KRATZER: Vom Veit Stoß geschnitzet, den sie zu Nürnberg durch beede Backen gebrennet.
GEYER: Was soll's damit?
MENZINGEN: Du sollst uns zu Rothenburg mitnichten für Filze halten.
GEYER: Gottes Dank, Stephan! Hebet mir's auf, Bruder Kratzer. Ich will es von Euch fordern, wann wir den Hasen miteinander speisen, der jetzt noch im Holze sitzt. ...
REKTOR BESENMEYER: Habt Ihr Kundschaft, Bruder, aus den Lägern von Würzburg?
GEYER: Hab kein groß Ergötzen dran gefaßt. Sie wachsen aneinander im Kriegsrat über ein zerbrochen Glas. Keiner weiß, wer regiert. Schlagen einander blutige Köpfe. Was sie mir zugesagt, halten sie nit. Nehmen keine Reiter an. Haben die Landsknechte lassen davonziehen, die in den Lägern waren, und zum Gegenteil übergehen. Jedoch noch bin ich guten Muts und fürcht mich nit. Die Schwarzen sind meine Ringmauer. ...
GEYER: Gen Würzburg! - Gen Würzburg! -
Geschrei auf der Gasse. Vivat Florian Geyer!
GEYER: Was bedeutet dies?
KRATZER: Wollen Euch sehen, bevor Ihr abreitet.
REKTOR BESENMEYER: Wenn's Euch beliebt, Bruder Geyer, redet ein gutes Wörtlein, zum Abschied, ein kräftig Wörtlein. ...
GEYER: (durch das Fenster hinausredend.) Ich dank euch, liebe bäurische Brüder! Lebet wohl, liebe evangelische Brüder. Ich gehe von euch, damit das Gottestreiben dieser Zeit zu einem seligen Ende geführt werde. Im Kyffhäuser ist es lebendig worden. Der heimliche Kaiser hat sich geregt und gereckt. Der Barbarossa ist auferstanden und wird herfürtreten mit ganzer Macht. Die Tochter des reichen Mannes wird er dem armen geben. Pfaffen und Mönche wird er abtun. Das unrechte Recht wird er verdrucken und das rechte Recht ufrichten. Das Reich muß reorganisiert werden. Von Franken aus muß es geschehen. Fränkisch ist die alte Reichsverfassung. Fränkisch wird die neue sein. Wir haben zu wählen, die Stämme, und nicht die Fürsten. Was ist uns der spanische Karl? Ein Fremdling, der unsere Not nit versteht. Wir wollen ein deutsch evangelisch Oberhaupt: einen Volkskaiser, keinen Pfaffenkaiser. Er soll den Krönungseid schwören, aber von seinen sechs Fragen sollen nicht bloß zwei sich auf das Volk und vier auf das Papsttum beziehen. Und wie der neugewählte König hat Antwort zu geben: „Ich will", so sag ich auch: ich will, ich will, ich will. ... Dem Barbarossa will ich den Weg bereiten. (Enthusiastischer Tumult auf der Gasse.) Vivat Florian Geyer!

Gerhart Hauptmann, Florian Geyer, Verlag Philipp Reclam Jun., Leipzig ohne Jahreszahl, Nr. 8128, S. 63 - 66.

Ein Lager vor dem Rödertor

Eduard Mörike
*8.9.1804 in Ludwigsburg
†4.6.1875 in Stuttgart

Eduard Mörike erhält seine theologische Ausbildung im Tübinger Stift. Als Vikar wirkt er in mehreren schwäbischen Dörfern, bis er 1834 schließlich Pfarrer in Cleversulzbach wird. Der „Brotberuf" erfüllt ihn nicht sonderlich. Aus gesundheitlichen Gründen beantragt er schon mit 39 Jahren die Versetzung in den Ruhestand und kann sich nun ganz seiner Passion, der Literatur, widmen. Von 1844 bis 1851 lebt er in Bad Mergentheim. Aus seiner Feder stammen viele Gedichte, die ebenso schlicht wie innig Natur und Liebe besingen. Mörike zählt zu den bedeutendsten Lyrikern nach Goethe. Hugo Wolf, Hugo Distler und Otmar Schoeck vertonen seine Gedichte und machen ihn in Deutschland bekannt. Meisterhaft übersetzt er griechische und römische Lyrik, doch nur Jakob Burckhardt, Theodor Storm und Iwan Turgenew erkennen bereits zu Lebzeiten Mörikes die Bedeutung des Dichters.

Von Mergentheim aus besucht Mörike öfter Rothenburg. Er beabsichtigt, eine eigene Novelle zur Stadt zu schreiben. Der handschriftliche Nachlass enthält Notizen dazu. Darin schwankt der Dichter selbst noch, wie die Erzählung heißen soll: „Zur Geschichte von der silbernen Kugel" oder „Der Kupferschmied von Rothenburg". Ein Silberschatz, der den Franzosen nicht in die Hände fallen soll, wird in eine Kugel eingeschmolzen. Noch spielt Mörike mit drei Varianten, wie sie in Sicherheit zu bringen ist: entweder in einem Garten vergraben oder in einen Kirchturmknopf einschließen oder in die Tauber rollen. Im handschriftlichen Entwurf befindet sich eine längere Passage zu Rothenburg.

Überhaupt viel Sehenswertes in Tauberstadt und Taubertal (1960)

Fremde Besucher Rothenburgs, die von dem Tale her den Anblick dieser Stadt - es ist die Abendseite - zum ersten Male haben, sind durch das Imposante ihrer hohen prächtigen Lage, vermöge deren sie in den alten Reisewerken häufig mit Jerusalem verglichen wird, nicht minder durch die Menge von Türmen und Türmchen überrascht, welche rund oder eckig, stumpf oder spitz allenthalben aufsteigen. Die Stadt zieht sich in langer Ausdehnung auf einem Felsenhügel ... über den Tauberfluß hin, so daß sie ihren Mauergürtel mehr oder weniger dicht an den Talrand vorrückt, der auf der Strecke seines steilsten Abfalls schon jederzeit nur geringer Befestigung bedurfte. Auf einem breiten Vorsprung dieses Felsens erblickt man die mit rohen Quadersteinen gewaltig unterbauten Ueberreste der sogenannten alten Burg, von welcher die Stadt ihren Anfang genommen. Die ganze Bergwand zeigt sich ... mit Wein- und Obstbau heiter und mannigfaltig bekleidet. ... In einer schönen Schlangenlinie fließt die Tauber untenher; während des Sommers meist friedlich klein und geräuschlos, nach Regengüssen stark und ungestüm genug. Zerstreute Gebäude, ein gut eingerichtetes Wildbad, verschiedene Mühlen und ländliche Hütten umgeben den Fluß. Dicht bei der Kreuzung zweier Steigen, die unmittelbar zur Stadt hinaufführen, fällt jedermann sogleich die schöne Brücke auf, ein altes großartiges Bauwerk, das mit seiner gedoppelten Reihe übereinander stehender Bögen an die römischen Aquädukte erinnert. Hiezu in malerischer Nachbarschaft tritt links am Fluß, von hohen Pappeln überragt, die Herrenmühle, und rechts, durch die Reinheit seiner deutschen Bauart ausgezeichnet, das Kirchlein Unserer lieben Frauen zu Cobolzell (so hieß zu Ehren des heiligen Cobol, eines Waldbruders der grauen Vorzeit, das kleine Dorf, das einst an diesem Fleck gestanden haben soll). Von hier aus lief, mit frommer Anspielung auf jene von Pilgern bezeugte Ortsähnlichkeit, ein breiter Stationsweg aufwärts gegen die alte Burg. Wallfahrende Scharen aus der Nähe und Ferne versammelten sich in der Stadt und zogen feierlich zuerst die Cobolzeller Steige herab, nach dem Kirchlein im Tal, bewegten sich alsdann zwischen den Leidensbildern des Erlösers von einer Station zur anderen hinauf, um nächst an dem Burgtor eine große steinerne Kreuzigungsgruppe zu berühren, und so fort endlich zum Altar des heiligen Bluts in der Hauptkirche von St. Jakob zu gelangen. Dies Herkommen blieb bis gegen 1544, wo die Gemeinde, längst lebhaft vom Zug der Reformation ergriffen, die erste evangelische Predigt in St. Jakob zu hören bekam. Diese Kirche, das köstlichste Denkmal des einstigen Glanzes der Stadt, gehört als eine Schöpfung des 14. und 15. Jahrhunderts derselben edlen Bauart an, die das Erhabene der großen Massen durch Zierlichkeit und Mannigfaltigkeit der Teile zu mildern und zu erheitern weiß. Wenn man bedauern kann, daß die zwei hohen, in durchbrochene Spitzen auslaufenden Türme das Ebenmaß des Ganzen in seiner ursprüngli-

chen Anlage merklich verletzen, so sondern sich dagegen die anderweitigen geschmacklosen Zutaten, die ein abgelebtes und eitles Geschlecht dem ehrwürdigen Bau von außen und innen aufdrang, vor unserem Blick unschwer von sich selber ab, bis man sie eines Tages in Wirklichkeit verschwinden lassen wird. Die Stadt hat überhaupt viel Sehenswertes an Gebäuden, an öffentlichen Plätzen und Anstalten: der Marktplatz mit seiner Umgebung, die beiden Rathäuser samt dem Archiv und den unterirdischen Staatsgefängnissen, unweit davon das Fronwaaghaus mit der merkwürdigen Nürnberger Uhr, wo die Ratsgeschlechter ihre Trinkstube hatten; das Wohnhaus ferner des alten Geschlechts der Jaxtheimer, in welchem gewöhnlich die Kaiser herbergten; das große Brunnenwerk, vermittels dessen das Wasser vom Talgrund jenseits unter dem Flußbett hinweg bis auf die Höhe des Klingenturms gehoben wird; sodann die Klöster, Kirchen und Kapellen, das Hospital, die reiche, mit Waffen mannigfacher Art versehene Rüstkammer, dies alles und was sonst für die Eigentümlichkeit eines reichsstädtischen Lebens, für seinen abenteuerlichen Reiz in Krieg und Frieden bezeichnend sein mag, gibt dem Altertumsforscher vielfachen und nicht leicht zu erschöpfenden Stoff....

Das stärkste Bollwerk, die Spitalbastei, deren oberer Gang für schwere Kartaunen und anderes Geschütz mäßiger Größe eingerichtet war, lag eben an jenem südlichen Ende; sie konnte für sich als abgesonderte Forteresse verteidigt werden. An der Ringmauer steht eine ganze Reihe von Türmen, darunter sich der Faulturm - er ist rund wie aus einem Stück gedreht - durch seine Schönheit und Höhe auszeichnet. Bei den Wällen am Klingentor mit Galgen- und Rödertor erstürmte Tilly im September 1631 die Stadt; beim Gottesacker, wo die Straße nach Ansbach und Nürnberg führt, hatte Gustav Adolf im folgenden Jahr sein Lager aufgeschlagen. Und dies sind nicht die einzigen Erinnerungen kriegerischer Art, von welchen jene Zinnen und Türme reden könnten.

Eduard Mörike, Die Linde 1960, Nr. 1, S. 2 - 3.

Das Innenleben der merkwürdigen Nürnberger Uhr oben in der Ratsherrntrinkstube

Wilhelm Raabe

*8.9.1831 in Eschershausen bei Braunschweig
†15.11.1910 in Braunschweig

Recht holprig startet Raabe ins Berufsleben: Weder Schule noch Buchhändlerlehre bringt er ganz zu Ende. Das Abitur nachzuholen, gelingt nicht. Die Berliner Universität hat ihn als Gasthörer für Philologie. Am 15.11.1854, dem „Federansetzungstag", beginnt er die "Chronik der Sperlingsgasse" zu schreiben. Dieses Buch und der „Hungerpastor", so notiert er nach Jahren, „helfen noch heute im Erdenhaushalt am meisten mit zum Leben." Da den Schriftsteller das Schreiben ernähren muss, publiziert er fleißig: 68 Romane, Erzählungen und Novellen sowie etliche Gedichte. Meisterhafte Erzählungen wie alltägliche Unterhaltung finden eine große Leserschaft. Mit „Pfisters Mühle" erscheint 1884 der erste Umweltroman. Viele Erzählungen umkreisen den Krieg: die Völkerschlacht ebenso wie den örtlichen „Kleinkrieg". Die Novelle „Das letzte Recht", die Rothenburg als Schauplatz hat, erzählt von den Verwundungen des Krieges.

Keine heile Welt - im Großen nicht, auch nicht im Kleinen (1862)

Als das heilige römische Reich noch aufrecht stand, zu Anfang des vorigen Jahrhunderts, waren, wie der geschichtskundige, großgünstige Leser weiß, im Südwesten des armen blühenden, knochenkranken Deutschlands die freien Städte so häufig wie die Pilze und die unmittelbare Reichsritterschaft war noch häufiger. Mit letzterer beschäftigen wir uns vielleicht später einmal, wenn uns Gott das Leben schenkt; heute wollen wir eine Geschichte erzählen, welche in einer jener Städte vorging, die der arg gerupfte kaiserliche Adler mit seinen kraftlosen Flügeln überschattete, in einem winzigen, lieblich gelegenen Ding mit uralten moosigen Mauern, Türmen und Toren, zwei alten Kirchen, wenig Nahrung und Verkehr, aber viel schwarzbemäntelten, gravitätischen, perücketragenden Ratsherren und Patriziern und einem Bürgermeister, der an gravitas natürlich Geschlechter und Plebejer weit und hoch übertraf.

Rothenburg im Tal wollen wir das Städtlein nennen, obgleich es nicht so hieß; Hindernisse, die wir nicht aus dem Wege räumen können, versperren uns den Pfad zu dem wahren Namen desselben. So müssen wir uns bescheiden, nur leise den Schauplatz, auf welchem unsere Tragödie spielt, anzudeuten, ehe wir dramatis personae, die Figuren unserer Geschichte einführen und agieren lassen.

Klein ist unser Schauplatz im Vergleich zu dem des großen Trauerspieles, welches zur selben Zeit die Weltgeschichte aufführte. Der spanische Erbfolge-krieg ist im vollen Gange; zu Frankreich stehen Bayern und Köln; aber das Reich hält zu Österreich, und am dreißigsten November siebzehnhundertzwei ist auch zu Rothenburg im Tal unter Trommelschlag der Krieg gegen Ludwig den Vierzehnten bekannt gemacht worden.

Nun ritt vor acht Tagen ein Bote in die Stadt, dem Rat den Sieg des Prinzen Eugenius und des Herzogs von Marlborough bei Höchstedt und Blindheim zu notifizieren. Unabsehbare Züge unglücklicher ver-wundeter, halbverhungerter gefangener Franzosen wurden in die Stadt geschleppt, und die gutmütigen barmherzigen Seelen, die deutschen Reichsstädter und Reichsstädterinnen, hatten tausendfach Gelegenheit, ihre mitleidigen Herzen zu zeigen. Durch die Stadt wurde auch der Marschall Tallard in einer wohlverwahrten, von Dragonern und Musketieren umringten Kutsche geführt, und Bürgermeister und Rat mochten mit Recht frohlocken, daß sie nicht zu Bayern und Köln sich geschlagen hatten. Wenn man die kleine Stadt so im Sonnenschein des August 1704 in ihrem Tal am Ausgang der Berge liegen sah, halbversteckt durch Weinranken und Obstbäume, so hätte man es wirklich nicht für möglich halten sollen, daß es soviel Unglück, Haß, Zwietracht und tollen, blindwütigen Ehrgeiz und Geiz in der Welt geben konnte. Es war leider aber doch damit also bestellt und Eigennutz, Haß, Streit und Neid gab es nicht nur zwischen den grausam hohen Potentaten, zwischen Kaiser und Reich, der Königin von England, den hochmögenden Generalstaaten und dem allerchristlichsten König; auch in den engen morschen Mauern der kleinen Reichsstadt gingen dieselben bösen Geister um und schufen Wirrsal und Trübsal.

Wilhelm Raabe, Das letzte Recht, Ausgewählte Werke in einem Band, Hrsg. Alexander Heine, Weltbild Bücherdienst, ohne Jahreszahl, S. 496-498.

Ein Schandmaul beim Burgtor

Leonhard Frank
Als Anstreicher in Rothenburg (1991)

An einem Sonntagnachmittag zeichnete Michael vor dem Spiegel auf ein Blatt Papier sein linkes Auge, in natürlicher Größe, und darüber die Braue, jedes Härchen, jede Wimper. Das linke Auge, mit äußerster Genauigkeit gezeichnet, wie der Hase von Albrecht Dürer, nur nicht so gut, blickte ihn an. Noch ahnungslos, was sich ereignen würde, begann er, auch das rechte Auge zu zeichnen, zufällig in der richtigen Entfernung vom linken. Erst als das zweite Auge fertig war, fragte er sich: „Und warum eigentlich jetzt nicht auch die Nase dazwischen und darunter den Mund?" ...

Den folgenden Samstagabend räumte Michael wie gewöhnlich seine Werkbank auf, wischte mit einem Klumpen alter Putzwolle die Feilspäne herunter, auch vom Schraubstock, an dem er Jahre hindurch vergebens darüber nachgegrübelt hatte, was er werden könnte, und sagte zu seinem Meister, daß er am Montag nicht mehr komme. Auf die Frage des erstaunten Meisters nach dem Grund antwortete er nur, er müsse fort aus Würzburg. Die Begründung leuchtete dem Meister nicht ein. Da er aber seit jeher der Meinung gewesen war, daß Michael eigensinniger sei als der bockigste Esel, versuchte er nicht, ihn zu halten.

Am Montag nahm Michael Abschied. Die Mutter weinte. Unschlüssig, in welche Richtung er wandern sollte, stand er vor dem Haus auf der Straße und fragte sich, wo er besser Kunstmaler werden könne - flußaufwärts oder flußabwärts, und da gerade ein Fuhrmann, der seinen Gaul am Zügel in die Schmiede führte, vorüberging, flußaufwärts ging, ging auch er flußaufwärts.

Michael hatte die Absicht, bei einem Zimmermaler als Anstreicher zu arbeiten, da die Anstreicher in den Wintermonaten keine Arbeit haben und dafür in den Sommermonaten besser bezahlt werden. Im Winter wollte er mit dem ersparten Geld Kunstmaler werden. Er war dreiundzwanzig.

Das neu erbaute Schlachthäuschen von Rothenburg ob der Tauber stand zwei Kilometer vom Städtchen entfernt inmitten blumenübersäter Wiesen, auf einem Grundstück, das von einem Lattenzaun umgeben und beträchtlich größer war als die Höfe sämtlicher Schlachthäuser Chicagos.

Den Zaun, der ein unübersehbares großes Oval bildete und aus mehr als fünfhunderttausend Latten bestand, sollte Michael mit Ölfarbe streichen, zweimal von außen herum, zweimal von innen herum.

Nur mit einem guten Fernglas hätte jemand vom südlichen Bogen des Zaun-Ovals aus das Figürchen zu sehen vermocht, das am nördlichen Bogen Streichbewegungen machte, auf und ab, auf und ab.

Beständig nichts als Latten vor Augen, von früh sechs bis abend sechs, hatte Michael im Laufe der drei schönen Sommermonate des Jahres 1905 schließlich und endlich den Lattenzaun einmal gestrichen, einmal von außen herum, einmal von innen herum. Er hatte auch nachts in Schlaf und Traum Latten gestrichen. Es gab nur noch Latten und Zwischenräume zwischen Latten.

Als er am Montagmorgen um sechs Uhr wieder vor dem Zaun erschien, um den zweiten Anstrich zu beginnen, starrte er voller Grauen auf die grasgrün gestrichenen Latten und durch die Zwischenräume durch auf die gegenüberliegende ferne Lattenreihe, bei der er erst nach Monaten angelangt sein würde. Er konnte nicht beginnen. Er zog sein Skizzenbuch heraus und zeichnete den Büschel Löwenzahn, der am Rande der Wiese blühte. Er zeichnete jeden Zacken der gezackten Blätter und mit größter Sorgfalt jedes Blättchen der schwellenden trompetengelben Blüten.

„Wenn so etwas noch einmal vorkommt, können Sie zum Teufel gehen", sagte der Meister, der lautlos hinter Michael getreten war und schon eine Weile seinen zeichnenden Anstreicher erzürnt beobachtet hatte.

Michael sagte sich, als der Meister gegangen war, für seine Kunst müsse der Künstler jedes Opfer bringen. Aber das Opfer dürfe nicht so groß sein, daß der Künstler dabei draufgehe und blödsinnig werde. Er stieß den Pinsel zurück in den Topf, daß die Farbe hochspritzte, und ging quer über die Wiesen davon, diesmal flußabwärts.

Nachdem Michael in Frankfurt am Main zusammen mit vier Kollegen im Laufe eines Monats die eiserne Flußbrücke mit stahlgrauer Ölfarbe gestrichen hatte, fuhr er nach München, im Brustbeutel die ersparten sechzig Mark, mehr als genug, um Kunstmaler zu werden, und zweifellos der berühmteste von allen.

Leonhard Frank, Links, wo das Herz ist, Ullstein, Frankfurt/M. 1991, S. 8 - 10.

Leonhard Frank
„Deutsche Novelle" – „ein kleines Meisterwerk" (1991)

Frank schildert darin das Schicksal der 32-jährigen, alleinstehenden Baronesse Josepha von Uffendorf. Sie wehrt sich gegen die Verführung ihres Kammerdieners, schließlich aber verfällt sie ihm. Am Ende jedoch rächt sie sich mit Mord und Selbstmord.
Diese Geschichte spielt in Rothenburg. Somit ist es eine lokale Geschichte. Aber nicht allein dies. Schon das Adjektiv „deutsch" im Titel der Novelle weist auf eine überregionale Bedeutung hin. Der Ort Rothenburg steht für Deutschland. Und die Geschichte der Josepha spiegelt die Verführung des deutschen Volkes durch Hitler. Dies aufzuzeigen, liegt Frank am Herzen. Wohl darum bewundert Thomas Mann die „Deutsche Novelle" und rühmt sie als „ein kleines Meisterwerk".

„Deutsche Novelle" und Leseabende bei Thomas Mann

Eines Tages blieb er (Michael) unfroh, weil er seit Wochen nichts getan hatte, auf dem Hollywood-Boulevard vor einem Schaufenster stehen, in dem Herrenartikel ausgestellt waren, in der Mitte eine blauseidene Krawatte mit einer fleischfarbenen nackten Frau - die ganze Länge herunter. „Handgemalt" stand auf dem Täfelchen. (Ein paar Wochen vorher hatte er in einem Magazin gelesen, daß es Amerika handgemalte Krawatten gibt, Originale, die tausend und zweitausend Dollar kosten, und handgemalte Krawatten, die nur in je einem Exemplar hergestellt werden, Originale, die fünftausend Dollar kosten.)
Im Anblick der Krawatte mit der nackten Frau sah er plötzlich das schmutzige Lächeln eines Mannes, dem er in Rothenburg ob der Tauber vor vierzig Jahren begegnet war. Zu jener fernen, fernen Zeit hatte Michael in Rothenburg sämtliche Zimmerwände und -decken in dem Louis-Seize-Palais einer Baronesse Josepha von Uffendorf abgekratzt und dann zusammen mit dem Malermeister frisch gestrichen. Baronesse Josepha war damals zweiunddreißig Jahre alt gewesen und schon ein wenig angewelkt - ein vereinsamtes altes Mädchen, das nicht mehr hoffen konnte, daß der Mann, den sie sich einstens erträumt hatte, noch kommen und sie heimführen würde. Der zweiundzwanzigjährige Wändeabkratzer hatte sich stürmisch in sie verliebt. In der Kammer des Dieners, deren Wände ebenfalls abgekratzt und frisch gestrichen worden waren, hatte ein Farbdruck gehangen - eine nackte dicke Frau und ein Frackherr, der mit der Peitsche zum Schlag ausholte. Der Diener hatte Michael den obszönen Farbdruck gezeigt und dabei so nebenher gesagt, schmutzig lächelnd: „Wenn ich der Baronesse morgens das Frühstück ins Schlafzimmer bringe, liegt sie wie ein Engel im Bett." Michael, der noch ganz unerfahren gewesen war, hatte sich dabei nichts gedacht.
Aber jetzt, da er sich durch den Anblick der Krawatte mit der nackten Frau an diesen Ausspruch des Dieners und an sein schmutziges Lächeln erinnerte, das erste Mal seit vierzig Jahren, geriet er plötzlich in denselben Erregungszustand wie damals durch den Gerichtsbericht in der Zeitung, der ihn veranlaßt hatte, „Karl und Anna" zu schreiben.
Blind und taub für alles auf der Straße ging er, versunken in Vorstellungen, zurück ins Hotel und begann die „Deutsche Novelle" zu schreiben.
Michael hatte an die Zeit in Rothenburg vier Jahrzehnte nicht gedacht. Jetzt ging ein Vorhang hoch wie im Theater. Ein Strom von Erinnerungen, verlebendigt durch zahllose Einzelheiten, brach in ihm auf. Herz und Kopf waren heiß.
Er wollte in der „Deutschen Novelle" auch den deutschen Handwerker zeigen, während er einen Hausschlüssel feilt und eine Axt schmiedet, ein Paar Schuhe macht, eine Saaldecke mit Leimdecke streicht und eine Kommode baut. Er glaubte, diese Arbeitsvorgänge zu schildern, so plastisch, daß der Leser sie sähe, würde für ihn nicht schwer sein, da er Schlosser gewesen war und die Erfahrung gemacht hatte, daß jemand, der ein Handwerk gelernt hatte, die Arbeitsvorgänge jedes Handwerks versteht und sich vorstellen kann…
Die Tragödie Josephas mit neuen psychologischen Einzelheiten zu gestalten, fiel ihm verhältnismäßig leicht; plastisch zu schildern, wie ein Maler die Decke eines großen Empfangssaales mit Leimfarbe streicht, war unvergleichlich schwieriger und mühevoller und kostete ihm hundertmal mehr Zeit, als der Maler zum Streichen einer Saaldecke braucht. Er saß glühend am Schreibtisch und strich tagelang eine Saaldecke.

Leseabende bei Thomas Mann
In dieser Zeit war Michael öfter bei Thomas Mann zu Gast. Nach Tisch lasen sie an diesen Abenden abwechselnd einander vor, Thomas Mann jeweils einen Absatz aus dem noch unvollendeten Roman „Doktor Faustus",

Michael die „Deutsche Novelle", jeweils den Absatz, den er in den Wochen vorher geschrieben hatte. Thomas Mann schien von der „Deutschen Novelle" beeindruckt zu sein, und Michael glaubte und sagte es, daß „Doktor Faustus" ein nicht minder bedeutendes Werk als „Die Buddenbrooks" werden würde. Es waren schöne Abende. (Jahre später las Michael in Thomas Manns Buch „Die Entstehung des Doktor Faustus" über sich und die „Deutsche Novelle" die Sätze: „Seinem leisen, ein wenig stockenden Vorlesen hörte ich mit wahrer Hochachtung zu. Das dichterisch überaus getroffene Milieu der altdeutschen Kleinstadt (Rothenburg ob der Tauber), das Handwerkliche, worin der ehemalige Mechaniker und Schlosser so exakt Bescheid wußte und dem er wiederum einen spezifisch ‚deutschen' Nimbus zu geben verstand; das leidend Psychologische auf Grund der Geschichte, nämlich das Auseinanderfallen von Sexus und Eros, und die geheime Dämonie des Ganzen - dies alles zog mich außerordentlich an, und ich bin ein Bewunderer der viel zu wenig beachteten Geschichte geblieben, die ein kleines Meisterwerk ist."
Einige Zeilen vor diesem Satz der Anerkennung und des Lobes hatte Michael den Satz gelesen: „Kein Zweifel, daß es (das Werk) vom Geiste des Faustus allerlei aufgenommen hatte - Stimmungen und Ideen, die ihm übrigens ebenso wohl angehörten wie mir."
Michaels Genugtuung über Lob und Anerkennung des Kollegen, der mit nur einem Satz den inneren Gehalt der „Deutschen Novelle" so bewundernswert und treffend wiedergegeben hatte, war umgeschlagen in Verstimmung. Schließlich sagte er sich: ‚Das Rätsel, wie ein Schriftsteller von einem anderen Schriftsteller Stimmungen und Ideen aufnehmen kann, die ebensowohl jenem wie diesem angehören, vermag nur Thomas Mann zu lösen.'

Leonhard Frank, Links, wo das Herz ist, Ullstein, Frankfurt/M. 1991, S. 149 - 151.

Hinter der Burggartenmauer war einst die Residenz des Herzogs von Rothenburg

Carlheinz Gräter
Geboren 1937 in Bad Mergentheim.
Das Studium der Geschichte und Literatur schließt Gräter mit einer Promotion ab. Während seiner ersten Berufsjahre arbeitet er als Zeitungsredakteur, ab 1972 ist er als freier Schriftsteller sowie freier Mitarbeiter beim Rundfunk tätig. Vorzugsweise beschäftigt er sich mit fränkischer und hohenlohischer Landeskunde. Aufgrund geschichtlicher Quellen entdeckt er, dass der Rothenburger Meistertrunk ins Reich der Sagen gehört.

Der Staufer Friedrich: „Das Kind von Rothenburg" (1986)

Rothenburg ob der Tauber ist die einzige Reichsstadt im Tauberland. Ihr Reichtum gründete weniger auf Fernhandel und Exportgewerbe als auf dem Landsitz, dem Territorium der Reichsstadt, der Landwehr. In der Historie Rothenburgs haben eigentlich nur zwei Gestalten Format gewonnen: der Staufer Friedrich, „das Kind von Rothenburg", wie er genannt wurde, und Heinrich Toppler, der ungekrönte „König von Rothenburg". Friedrich, ein Sohn König Konrads III., überließ nach dem frühen Tod des Vaters die Krone seinem Vetter, dem Rotbart. Er selbst hielt als Herzog von Rothenburg auf der Reichsburg ob der Tauber glänzend Hof und galt nach Heinrich dem Löwen als der zweite Fürst des Reiches. 1160 designierte ihn Friedrich Barbarossa, damals noch ohne Sohn, für die Thronfolge. Gegenüber der harten reaktionären Politik seines königlichen Vetters in Oberitalien wahrte Friedrich seine Selbständigkeit. Als der Kaiser zu Pfingsten 1165 auf dem Würzburger Reichstag von den Fürsten den unglückseligen Eid forderte, daß sie den von der Mehrheit der Kardinäle gewählten Papst Alexander III. niemals anerkennen würden, verließ Friedrich als einziger demonstrativ die Versammlung. Zwei Jahre später erlag er in Italien einer Seuche, die das deutsche Ritterheer nach der Eroberung Roms dahinraffte. In der Klosterkirche von Ebrach im Steigerwald liegt das „Kind von Rothenburg" begraben. Es bleibt ein müßiges Spiel und verlockt trotzdem der Gedanke, was aus Deutschland und dem Reich geworden wäre, hätte statt der trotzigen Überspanntheit Barbarossas der maßvolle Wille des Herzogs von Rothenburg die Richtlinien der Politik bestimmt. Mit dem Ende Heinrich Topplers gab Rothenburg das politische Spiel auf und richtete sich in seiner Landwehr ein.

Carlheinz Gräter, Anmutigste Tochter des Mains, Frankonia Buch, Verlag Fränkische Nachrichten, Tauberbischofsheim 1986, S. 63 - 64.

Liane Dirks
1955 wird sie in Hamburg geboren. Ihre Kindheit – eine kleine Odyssee - verbringt sie zunächst in der Hansestadt, dann in der Karibik, schließlich in Rothenburg. Nach dem Studium der Wirtschaftslehre beginnt sie ihre Tätigkeit in einem Arbeitsamt. Schon 1985 arbeitet sie als freie Schriftstellerin. Parallel dazu nimmt sie ein zweites Studium auf: Theaterwissenschaft und Germanistik. Ihr erster Roman „Die liebe Angst" erscheint 1986. Darin erzählt sie von ihrer Grundschulzeit in Rothenburg. Was dieses Erstlingswerk jedoch überregional bedeutsam macht, ist die Tatsache, dass darin das Thema Kindesmissbrauch Eingang findet in die deutsche Literatur.

Ein Kind lernt die Stadt kennen (1986)

Rothenburg ist eine Stadt mit einer Mauer drumherum, der Schlachthof und die Siedlung liegen außerhalb, innen liegt das Alte. Auf der Mauer kann man laufen, durch Schießscharten guckt man in die Welt und hat sogar noch ein Dach über sich. Da schaut man in die alten verwinkelten Gäßchen und auf brüchige Dachschindeln runter in eine kleine heilkaputte Welt. Man kann sogar in Fenster schauen von Häusern, die außerhalb der Mauer liegen.
Sehr bald erfuhren Lou (ihre Schwester) und ich, daß in einem Hause, das sich bis hoch an den Holzrundgang reckte, eine Hexe wohnte hinter einem dunklen dreckigen Fenster, und wenn man dran vorbeilief und sie guckte grade raus, konnte sie einen Fluch über einen sprechen oder einen verzaubern in eine Maus oder in einen Elefanten, der wäre dann allerdings sicher durch Planken gestürzt, deshalb verwünschte sie nur in kleine Tiere. Ich habe oft darüber nachgedacht, wenn ich Mäuse sah, was das wohl für Menschen waren, und hab ihnen nie etwas getan. ...
Wir sind oft an ihrem Haus vorbeigelaufen, sie hat sich aber nie gezeigt, und vielleicht hat sie mich auch gar nicht gesehen, da hätte sie doch unbedingt fluchen müssen, ich hatte aber zu der Zeit bereits eine Tarnkappe, davon war ich fest überzeugt. Ich wandelte also gelegentlich unsichtbar die Mauer entlang.
Die Mama nähte mir ein Dirndl, Lou bekam sogar ein echtes aus einem Versand, mit Enzianen darauf und Schnürmieder. Wir bekamen Lackschuhe und weiße Kniestrümpfe, die Amerikaner knipsten uns laut und bunt, meistens für eine Mark und waren sehr verblüfft, wenn wir in ihrer Sprache palavernd weggingen.
Auf dem Marktplatz ging das Glöckchen: Bürgermeister Nusch soff für die Stadt.
Im Eisenhut:... Die Kellner machten Diener, ich durfte in die Küche, dem Papa in die Töpfe gucken, und mit Mama in den Kellergewölben Weine suchen, die den reichen Leuten schmeckten.
In Rothenburg gab es auch ein paar Neger, die studierten im Goethe-Institut. Wenn ich sie sah, wußte ich immer, daß die schöne Insel kein Traum war, daß es Schiffe gab, mit denen man weg konnte, und hob mir alles für später auf. Ich wurde sechs...
In der dritten Klasse kriegen wir Heimatkunde bei Frau Hartmann. Frau Hartmann ... erzählt von Wäldern und Auen, vom Mittelalter und wo unsere Wiege stand, sie fragt uns nach der Heimat.
Alle Kinder haben eine, alle Kinder haben dieselbe, Rothenburg, bis auf Gudrun, die sagt nichts, und ich frag: „Frau Hartmann, wo ist denn meine?"
Sie sagt, die Heimat sei da, wo man am längsten in der Jugend gelebt hat, dort würde man das Herz dranhängen und immer wieder gern zurückkommen, später einmal, wenn man groß ist.
Wir machen einen Ausflug in die Folterkammer.
Uns wird erklärt, wie Menschen gerädert wurden, an den Pranger gestellt, von Ziegen abgeleckt und zwischen Pferden zerteilt, gepeitscht und ins Verlies gesteckt. Das Verlies sehen wir auch. Gitter, Dunkelheit, dicke Mauern, Fußketten und Eisenkugeln, Blechnäpfe und Sackleinen. Man erzählt uns, daß sie früher von der Stadtmauer Pech gekippt haben. In großen Kübeln war das, die brodelten schwarz in der Stadt. Fackeln haben sie daraus gemacht, und Menschen haben sie gefedert. Mit Pech beschmiert und Hühner über ihnen nackt gerupft.
Bollwerke haben sie gebaut, Masten gegen Tore gestemmt. Einmal flog der Munitionsturm in die Luft. Sie haben sich in Zünfte aufgeteilt und Hirschhornsalz in Teig gestreut, damit die Masse geht. Gehandelt haben sie mit Tee und Salz, die Bauern haben den Zehnten abgegeben, Mädchen hat man schon als Kinder verlobt mit genauso kleinen Jungen. ... Wir lernten die Stadt kennen und rechnen bis tausend.

Liane Dirks, Die liebe Angst, Hoffmann und Campe, Hamburg 1986, S. 47 - 49; 56.

Stadtmauer bei der Blasiuskapelle

Irmi Kistenfeger-Haupt
Geboren 1947 in Rothenburg ob der Tauber.
Nach der Ausbildung zur Arzthelferin zieht es Kistenfeger-Haupt nach Paris; dort lebt sie zwei Jahre lang als Au-pair-Mädchen und Sprachschülerin. In der Heimat holt sie das Abitur nach und studiert Germanistik, Geschichte und Theaterwissenschaft. 25 Jahre lang unterrichtet sie als Lehrerin Deutsch und Geschichte, gleichzeitig aber beginnt sie auch zu schreiben. Ihre erste größere Veröffentlichung heißt „Hinter der Zeit". Bald folgt das Buch „Unterm Schnee". Darin berichtet Kistenfeger-Haupt von ihrer Kindheit und Jugend in Rothenburg. Sie skizziert und dokumentiert das Leben in einer Kleinstadt, in der Familie, in der Schule und der Kirche.

Kellermeisters Töchterlein beim Meistertrunk (2008)

Antonia - so nennt sich die Erzählerin - darf beim Festspiel mitwirken. Wegen ihrer schönen Stimme nimmt sie der Chor auf, der den Feldherrn Tilly um Gnade für die Stadt bittet. Einige Jahre später wird ihr eine tragende Rolle im Festspiel anvertraut: Kellermeisters Töchterlein.

Ich trage ein mittelalterliches, braunes Kostüm mit einem langen Rock, dazu eine Haube, an die zwei Zöpfe angesteckt sind. Mein Part ist sehr lang, aber ich bin noch nie stecken geblieben. Mit List muss ich den kaiserlichen Feldherrn Tilly, der die Stadt niederbrennen will, weil sich die störrischen Ratsherren nicht ergeben wollen, dazu bringen, vom Frankenwein aus dem Keller des Vaters zu kosten. Er tut's und der Wein schmeckt ihm! Daraufhin will er die Stadt verschonen, wenn einer der Stadträte den

Vor dem Meistertrunk-Festspiel

Humpen mit über drei Litern auf einmal austrinkt. Altbürgermeister Nusch findet sich dazu bereit und rettet so die Stadt vor dem Untergang.
Ich mag meine Rolle lieber als die der Magdalena, der Nichte vom Bürgermeister Bezold, die mit ihren Kindern am Arm um Mitleid heischt und bei Tilly nichts erreicht. Mit dem Tauberwein, von dem ich selber gerne nach der Tanzstunde mit Freunden noch ein Glas trinke, nimmt das Spiel jedoch seine entscheidende Wende zum Guten hin.
Heute Morgen, während der letzten Aufführung vor dem Festzug, schnitt von der hinteren Bühne her einer von der „Jungen Schar" zu mir Grimassen, als ich zu Tilly gesprochen habe. Es war Bertis Freund - ich glaube, alle waren schon am Vormittag ziemlich angedudelt, vielleicht noch vom Vorabend. Aber ich habe sofort weggesehen, weil ich sonst gepatzt hätte und genau das wollte der Grimassenschneider ja erreichen.
Beim Festzug sitz ich mit Magdalena und den Kindern in einem hölzernen Wagen, der von einem Pferd gezogen wird, und winke den Zuschauern am Straßenrand zu. Auf der Festwiese bin ich mit Tilly, Graf Pappenheim, dem Mönch und den Ratsherren und wir essen Hühnerbrühe von den frisch geschlachteten Hühnern. Magdalena und ich sind die einzigen Frauen im Zelt.
Ständig erreicht uns irgendein komischer Witz der Männer, die schon ziemlich viel Bier oder Wein getankt haben. Magdalena ist viel älter als ich und kontert dagegen, aber ich tue so, als wäre ich taub auf den Ohren, weil ich nicht weiß, was ich antworten soll, und lachen kann ich über die Witze auch nicht. Zwischendurch winkt mal jemand zu mir an die Absperrung, aber ins Zelt und auf die Wiese außen herum dürfen die Freunde oder Freundinnen nicht, damit das mittelalterliche Bild nicht zerstört wird. Berti und Hanno, der auch zur „Jungen Schar" gehört, kommen immer wieder vorbei und lassen mich aus ihrem Humpen trinken. Beide tragen zu ihrem Kostüm breite, gekrempte Hüte mit einem Federbusch dran und sehen toll aus! Hanno hält mich einmal kurz an der Hand und fragt mich leise, ob ich noch an den Spaziergang am vergangenen Sonntag Abend denken würde, wo wir uns auf einer Steinbank an der Kobolzeller Steige geküsst hätten. Ich nicke verlegen.
Am Abend ziehen alle Spieler zum Marktplatz, wo Graf Tilly noch einmal bejubelt wird, bevor er sich verabschiedet. Müde komme ich nach Hause.
Ich freue mich schon jetzt auf die Busfahrt nach München, wo wir nächste Woche in unseren Kostümen von Franz Josef Strauß empfangen werden. Ich weiß nur, dass er ein wichtiger bayerischer Politiker ist, mehr nicht. Aber die Hauptsache ist, dass ich ihm den Weinhumpen überreichen darf.

Irmi Kistenfeger-Haupt, Unterm Schnee, Geschichte einer Kindheit, Wiesenburg Verlag, Schweinfurt 2008, S. 142 - 144

DIE UMGEBUNG – EIN GANG DURCHS TAUBERTAL

Wilhelm Heinrich Riehl
*6.5.1823 in Biebrich am Rhein
†16.11.1887 in München
Riehl studiert Theologie, nach dem Examen Philosophie, Geschichte und Kunstgeschichte. Anfangs arbeitet er als Redakteur bei der Augsburger Zeitung, dann beruft ihn der bayerische König zum „Oberredakteur für Preßangelegenheiten". Seine Vorlesungen als Professor für Kulturgeschichte ziehen viele Studenten an. Der König ernennt ihn zum Direktor des bayerischen Nationalmuseums, bald darauf auch zum „Generalkonservator der Kunstdenkmäler und Altertümer Bayerns". Als akademischer Lehrer vertraut Riehl nicht auf „Buchgelehrsamkeit", sondern auf „erwanderte Erfahrungen". Davon gibt sein Buch „Ein Gang durchs Taubertal" Zeugnis. Als erster Autor nimmt er auch die Sozialgeschichte in die Stadtbeschreibungen auf.

Ein Gang durch die deutsche Geschichte (1862)

Ein Gang durchs Taubertal ist ein Gang durch die deutsche Geschichte ... Die oberste und die unterste Stadt der Tauber haben den höchsten malerischen Ruhm; Rothenburg und Wertheim. Man hat die Lage von Rothenburg mit Jerusalem verglichen ... Im Innern ist Rothenburg von allen altertümlichen deutschen Städten, welche ich kenne, weitaus die altertümlichste, die am reinsten mittelalterliche. Nürnberg hat sich verjüngt in und neben seinen alten Quartieren, Rothenburg ist durchaus alt geblieben, und was etwa nicht alt wäre, das erscheint verschwindend bedeutungslos. Die Stadt ist wie erstarrt, versteinert, sie ist äußerlich stehen geblieben, also innerlich heruntergekommen, aber sie ist nicht so weit heruntergekommen, daß sie eine Ruine und folglich dann doch wieder etwas neues geworden wäre. Sie ist vergessen worden von der zerstörenden sowohl als von der neubildenden Zeit.
Wall und Graben, Mauern, Thore und Türme gürten sich so fest um die Stadt, als sollten sie heute noch, wie in Kaiser Ruprechts Tagen, die Wogen des stärksten ritterlichen Heeres brechen. Noch schauen uns aus der Bastei am Spitalthor ein paar alte Kanonen entgegen, noch gehen wir über die alten Thorbrücken, aber die alten Thorflügel sind freilich geöffnet, um nicht wieder geschlossen zu werden, und statt des Reichsadlers hängt eben eine k. bayerische Konskriptionsverfügung am Einlaß. Gar manche deutsche Stadt hat noch alte Mauern und Türme, allein ein so geschlossenes System größtenteils echt mittelaltriger Festungswerke, die der ganzen Stadt das Ansehen einer großen Burg geben, wird sich selten wiederfinden. ...
Rothenburg besitzt im Vergleich zu seiner Größe mehr monumentale Bauwerke als Nürnberg oder Augsburg, aber ihm fehlen jene Häuser, welche an große Bürgergeschlechter erinnern, deren Ruhm, wie bei den Fuggern und Welsern, den Glanz der Stadt selbständig gehoben, ja zeitweilig überstrahlt hätte. Das Rothenburger Patriziat war bedeutend in und mit der Gemeinde, nicht über dieselbe hinaus. So sanken denn auch die Bürger in der neueren Zeit zu sehr mäßigem Wohlstand herab, während die Gemeinde reich blieb. Rothenburg hat ein größeres Gemeindevermögen als München, und das Kapital seiner Wohltätigkeitsstiftungen belief sich im Jahr 1861 bei einer Bevölkerung von nur 5049 Seelen auf die Summe von 1 389 900 Gulden. Nürnberg und Augsburg sind berühmt wegen ihres Reichtums an milden Stiftungen, allein Nürnberg besaß in demselben Jahre bei 62.787 Einwohnern nur 4 967 062 Gulden, Augsburg bei 45.389 Einwohnern 4.252 503 Gulden Stiftungskapital; diese reichen Städte erfreuen sich also im Vergleich zu ihrer Volksmasse bei weitem keines so großen Stiftungsvermögens wie das arme Rothenburg. ...
Der wichtigste Ausfuhrartikel der Stadt in alten Zeiten war das Getreide, und die vielen Mühlen und Bäckereien bildeten das charakteristische Gewerbe. Rothenburger Brot ist altberühmt; es überlebte den Ruhm der Reichsstadt; im Jahr 1779 wußte man selbst in Paris noch davon, ein damaliger französischer Geograph schreibt von Rothenburg nichts weiter als: l'air y est sain et le Pein exzellent. Jetzt kennt man das Rothenburger Brot in Paris vermutlich nicht mehr; allein die Schranne ist doch noch der wichtigste Markt des Platzes, es gibt noch immer viele Mühlen im Thal und auffallend viele Bäcker, Melber und Brauer oben auf dem Berg, und die Luft ist gesund geblieben und das Brot vortrefflich.

Wilhelm Heinrich Riehl, Wanderbuch, Verlag der T. G. Cotta'schen Buchhandlung, Stuttgart 1892, S. 159 - 163.

Vom Wildbad zum Spitaltor
(Alte Stadtansicht: Bild aus dem Reichsstadtmuseum Rothenburg)

Karl Julius Weber
*16.4.1767 in Langenburg
†19.7.1832 in Kupferzell
Nach dem Jurastudium in Erlangen zieht Weber nach Göttingen, um einen Lehrstuhl zu erlangen. Als sein Plan scheitert, verlässt er Deutschland. In der Schweiz wird er Hauslehrer im Dienst eines Bankiers. Weber liest und studiert französische Literatur und Philosophie. 1792 kehrt er nach Deutschland zurück. Seine Dienste bietet er nach und nach mehreren Residenzen an und ist zuerst als Privatsekretär, dann als Regierungsrat, schließlich als Hofrat tätig. Nach einem Streit mit einem Erbgrafen scheidet er aus dem Erwerbsleben aus. Die Folgen sind ihm klar; er notiert: „So gewöhnte ich mich an Einschränkungen, Einsamkeit und rein literarisches Leben - und verfiel sogar auf Schriftstellerei." Um nicht ganz einsam zu werden, geht der Schriftsteller jedes Jahr auf eine große Reise. Seine Beobachtungen und Erfahrungen erscheinen in vier Bänden: „Deutschland oder Briefe eines in Deutschland reisenden Deutschen". Webers Werk gilt in der Biedermeierzeit als der Reiseführer schlechthin.

Ein ruhiges, stilles, wohlfeiles, nicht unwirksames Bad (1980)

Man kann in neu angelegten Alleen die Stadt umgehen, nur schade, daß man gerade an der schönsten Seite die altertümlichen Mauern verlassen, tief ins Taubertal herab und dann wieder auf steinigem Pfade heraufsteigen muß. Sollte sich dies nicht ändern lassen zur Aufnahme des heitern Wildbads im Taubertale? In alten Zeiten war es stark besucht, und in neuerer hat die Stadt Anstrengungen gemacht, die lobenswert sind, wodurch es bereits den Nachbar zu Burgbernheim überflügelt hat, der zwar schöne Wälder, Schatten und größere Kulturfähigkeit hat, aber lange nicht die elegante Einrichtung und gute Bewirtung, weder das schöne Taubertal noch ein Rothenburg. Noch einen zweiten Pavillon (wird wie Babylon ausgesprochen und abgeleitet von Babil) mit Billard und einigen Nebenzimmern, damit Spieler und Raucher aus dem Speisetempel entfernt werden, in beiden Tälern der Natur etwas nachgeholfen, ein posaunender Bade-Arzt, und es ist geschehen. Bei der ungeheuren Menge deutscher Bäder wird ein kleines, bescheidenes Bad so leicht übersehen. ... Das kleine Bad besteht aus zwei hübschen Gebäuden, gegenüber ist die Tauber, mit einem neuen Badgebäude, in der Mitte die schön gefasste Quelle mit Tränen-Weiden, eine schöne Linde, ein Garten mit Pavillons, einige Mühlen, und auf Felsen über uns blickt das alte Rothenburg herab, wohin Treppen führen mit Ruhebänken. Der schöne Wasserfall neben dem Bade ist nur im Kupferstich, veranlasst durch ein Mühlwehr, wenn die Tauber gerade Wassers die Fülle hat, der Müller steht aber leider fast immer in Spannung mit der Tauber! Ich war aus norddeutschen Bädern hierher gekommen, wo ich für mein Zimmer täglich 1 Taler gezahlt hatte, hier fand ich gleich gute für 30 Kreuzer wöchentlich, der Mittagstisch zu 30 Kreuzer glich einer Fürstentafel gegen meinen nordischen zu 15 Groschen, und der Schoppen reiner, guter Tauberwein zu 12 Kreuzer wäre gegen den verfälschten im Norden

Die Tauber schlängelt sich um die Stadt.

wohl so viele Groschen wert gewesen - und nun erst das Rothenburger Bier! Wahrlich, der Süddeutsche ist ein Tor, der ohne besondere Verhältnisse nach norddeutschen Bädern zieht, wo die Genüsse im umgekehrten Verhältnis zu den Preisen stehen. Zu Rothenburg kann man mit 100 Gulden seine sechs Wochen halten, und eine modische, verzärtelte Sechs-Wöchnerin kostet mehr!

Wer ein ruhiges, stilles, wohlfeiles, nicht unwirksames Bad sucht, um die Tage, die man mit Recht Hundstage genannt hat, leichter zu ertragen, komme hierher - er findet wackere Nürnberger, Ansbacher und Rothenburger, und sollte ihm die Badegesellschaft nicht anstehen …, so macht sich die geschlossene Gesellschaft der Honoratioren in der Stadt ein Vergnügen daraus, sich ihm anzuschließen; ich fand selbst bei den ehrsamen Bürgern Unterhaltung. Die Rothenburger sind fast nur höflich, und daher war es mir ordentlich zur Abwechslung lieb, auf einen Grobian zu stoßen, der aber der einzige blieb. Manche reichsstädtische Sitte schlägt hier noch vor - gehorsamer Diener und gehorsame Dienerin selbst zum Fenster heraus, und Herr Vetter und Frau Boos überall. Man sieht noch viel Zöpfe, und vor den alten Torwächtern stand ich jedes Mal still wie zu Wien vor Löschenkohls Karikaturenbude.

Karl Julius Weber, Reise durch Franken, Das Königreich Bayern, Verlag Steinkopf, Stuttgart 1980, S. 209 - 212.

Das Wildbad: wechselvoll die Geschichte wie die Nutzung

Nach dem Erdbeben von 1356 entspringt im Taubertal eine Heilquelle. An dieser Stelle errichtet die Stadt Rothenburg um 1400 ein Bad, das Wildbad, und nimmt es sogleich in Betrieb. Erst 1820 wird ein neues Badehaus gebaut; es ergänzt die Wohn- und Gästehäuser. Was es auszeichnet, schildert K. J. Weber. 1894 kauft Friedrich von Hessing das gesamte Anwesen. Er errichtet ein neues Kurhotel im Jugendstil. Den Charme des neuen Wildbades beschreibt A. Merz. Von 1917 bis 1978 wechseln häufig Besitzer und Nutzung. Seit 1983 ist das Wildbad eine evangelische Tagungsstätte.

August Merz
Das Wildbad - Hotel und Kurhaus ersten Ranges (1889)

In der altertümlichen Festung Rothenburg hat das schönste Mittelalter ein Stückchen historischer Tradition aufbewahrt, welches als ehrwürdiges Denkmal vaterländischer Geschichte und zugleich als eine Zufluchtsstätte vor allem unruhigen Getriebe der großen Luxus-Badeorte eine angenehme Sommerfrische für Gesunde und ein Asyl für heilungsbedürftige Kranke und Rekonvaleszenten in allen Stadien der Genesung bildet, die in scheinbarer Abgeschlossenheit von der Großstadtluft doch den Komfort nicht entbehren wollen, wie ihn unsere erstklassigen Hotels bieten.
Ohne das malerische Gesamtbild zu stören, gewissermaßen unabhängig von dem ländlichen Charakter des Ortes Rothenburg ist in einem reizenden Winkel des

Taubertales ein architektonisches Schmuckstück entstanden, welches die Annehmlichkeit eines Aufenthaltes in freier gesunder Natur mit den Bequemlichkeiten einer allen Ansprüchen gerecht werdenden modernen Hoteltechnik vereinigt.
Hier hat das Genie des bekannten Orthopäden Friedrich Hessing, des berühmten Besitzers und Leiters der Musteranstalt Göggingen bei Augsburg, mitten in dem Idyll der „guten alten Zeit" ein Etablissement geschaffen, das seinesgleichen sucht und berufen zu sein scheint, ein Rendezvous der fashionablen Welt zu werden. …
Fleiß, Intelligenz und Geschmack haben am Ufer der Tauber eine Märchenwelt von zauberhafter Pracht kreiert, deren äußere Ausschmückung sich harmonisch in den Rahmen der mittelalterlichen Festung einfügt und eine Attraktion ersten Ranges bildet. … Auch die innere Ausstattung des neuen Wildbades, dessen stolze Einzelbauten sich amphitheatralisch bis zur Höhe der Stadt heraufziehen, dürfte durch ihren zeitgemäßen Komfort und ihre noble Eleganz den verwöhntesten Ansprüchen gerecht werden. Theater, Konzert und Spielsäle wechseln ab mit Konversationsräumen, Wohn- und Schlafzimmern, neben denen die Bäder eingerichtet sind. Das Ganze wird wunderbar gehoben durch die reizende Szenerie des vielgepriesenen Taubertales. Da wechseln in lieblichster Weise blinkende Gewässer mit blumenreichen Wiesengründen ab; Buschwerke, Parkanlagen und bewaldete Hänge sind von herrlichen Spaziergängen, Wandelbahnen und Lauben durchzogen. Stattlich thront auf stolzer Höhe Alt-Rothenburg selbst mit seinen hohen Zinnen und Giebeln und seinen altersgrauen und wetterharten Mauern und Türmen. … Hier finden Rheumatismus, Neuralgie, Leber-, Milz- und Nieren-Krankheiten, Unterleibsaffektionen, Skrofulose, asthmatische Beschwerden und Störungen der sexuellen Sphäre die ersehnte Heilung und die natürliche Wirkung der kräftigen Quellen wird wirksam unterstützt durch die sachgemäße Pflege und wissenschaftliche Behandlung in den Kur-Etablissements, deren Leitung von dem Meister selbst von Göggingen aus erfolgt. Absolute Erfolge verspricht die Rothenburger Kur bei Neurasthenikern und bei Alters- und deformierender Gicht durch die Beihülfe der berühmten Hessing'schen orthopädischen Verbände und Entlastungsapparate, die entweder vor, während oder nach der Badekur in eigenen Werkstätten konstruiert und angewendet werden müssen. …
So dürfen wir schon jetzt der neuen Schöpfung des bekannten Meisters Hessing das Prognostikon einer bedeutenden Zukunft stellen und allen denjenigen zurufen, die durch das aufreibende moderne Großstadtleben ermattet, sich erquicken und stärken wollen, an dem Jungbrunnen reinen unverfälschten Naturgenusses: „Auf nach Rothenburg!"

August Merz, Wildbad Rothenburg o.T. (1896) in Manfred Balbach, Rothenburg ob der Tauber, Die Stadt in alten Ansichten, Josef Keller Verlag 1989, S. 213 - 216.

Robert Beichhold

Das Taubertal - eine reizende Stelle auf der Erde (1861)

Diese Tauber entspringt zwischen Wettringen und Weikersholz, etwa 2 Meilen südlich von Rothenburg, und vergrößert sich durch Zuflüsse von der Waldhöhe des Keuperrandes und des bei Gebsattel (¾ Stunden von Rothenburg) einmündenden Erlbach und ¼ Stunde vor Rothenburg der sog. Schand(Sand-)Tauber, die bei dem Orte Bettenfeld, 1½ Stunden von hier in einer sehr breiten, starken Quelle, vielleicht ein schon unterirdisch von fern herkommendes Flüßchen, ihren Ursprung nimmt.

Die Tauber fließt in der Mitte eines breiten, muldenförmigen Tales, das sich gegen die Anhöhe herab, welche Höhe von der Tauber durchbrochen wurde, um sich immer tiefer einzuwühlen und ihr gegenwärtiges Bett zu bilden, senkt. Sehr schön beschreibt Dr. Bensen in seinen Altertümern von Rothenburg und nach ihm Walther in seiner topographischen Geographie gerade diese Stelle mit folgenden Worten: „Wenig bekannt und von geringem Umfange ist dieses oberste Tal der Tauber, aber eine reizende Stelle auf der Erde. Es ist schön, wenn der Frühlingshauch den Duft zahllos blühender Obstbäume weithin verbreitet; es ist schön, am Sommerabend, wenn nur noch in ihm das frische Grün zu finden ist, und in den Gehölzen längs der Anhöhe Amseln und Nachtigallen schlagen ...; es ist schön, wenn sich die Rebengewinde an den Talseiten mit breiten, dunklen Blättern und Trauben gedeckt haben, selbst wenn die Herbstnebel das Tal fast bis an den Rand füllen und wie ein ungeheurer Strom dahinwogen; unter der Schneedecke oder wenn die Tauber von den Waldwassern geschwellt, mit der Raschheit und dem Tosen eines Bergstromes hinstürzt, Zerstörung bringend und die schmale Sohle weit überbrausend - selbst dann noch ist der Blick in das Tal eigentümlich schön!"

Die Tauber fließt nun weiter nach Nordwesten und Westen, um sich nach 15 Meilen langem Lauf bei Wertheim in den Main zu ergießen, nachdem sie sich noch oberhalb Röttingen durch die Gollach, ihrem ansehnlichsten Zuflusse, vergrößert hat. Der Fall der Tauber ist ein sehr bedeutender, so daß sie allein in dem städtischen Bezirk in einer Strecke von 1½ Stunden 20 Mühlen treibt.

Robert Beichhold, Medicinische Topographie und Ethnographie des Physicatsberichts Rothenburg o.d.T., Jahrbuch des Vereins Alt-Rothenburg zum hundertjährigen Jubiläum, Verlag des Vereins Alt-Rothenburg 1998, S. 212 - 213.

Die Tauber vor der Eselsbrücke

Carlheinz Gräter
Die Tauber: woher kommt ihr Name?

Das Wort Tauber leitet sich aus dem keltischen „dubron", Mehrzahl „dubra", ab und bedeutet Wasser. Schön, wenngleich nicht stichhaltig, ist die Herleitung im Zedlerschen „Universallexikon aller Künste und Wissenschaften": „Es ist der Tauber-Fluß von Alters die Taube, Columba, nach der Zeit aber von den Landes-Einwohnern die Tauber genennet worden. Daher sollen sich die Grafen von Rothenburg auch Herren von der Taube genennet haben und in ihrem Wappen auf dem Schilde eine weiße Taube mit ausgespannten Flügeln geführt haben."

Carlheinz Gräter, Von der Tauber zum Main, Konrad Theiss Verlag, Stuttgart und Aalen 1976, S. 5.

Eduard Mörike
Ich habe Kreuz und Leiden (1986)

Im Tal vor Rothenburg wandernd und Versteinerungen sammelnd, entdeckt Mörike an einer Scheune folgenden Vers:

„Ich habe Kreuz und Leiden,
Das schreib ich mit der Kreiden,
Und wer kein Kreuz und Leiden hat,
Der wische meinen Reimen ab."

Mörike kommentiert und interpretiert diese Zeilen:

Wer hat dies bittre Wort, zu herb für einen Scherz,
Mit ungeübter Hand der Ruhbank angeschrieben?
Ein müßger Hirt vielleicht, der hier vorbeigetrieben;
Ein fremder Wandersmann; gewiß kein fröhlich Herz.

Die Schrift ist nicht von gestern und heut,
Schon mancher ging durch diese Einsamkeit,
Der sich die Zeilen buchstabierend las
Und überrascht sein Teil mit einem Blick durchmaß;
Er trug gedankenvoll nach einer kurzen Rast
Des Weges weiter seine eigne Last
Und ließ dem Kommenden zu seinem Mißgeschick
Den gleichen Stachel ohne Trost zurück.

Carlheinz Gräter, Anmutigste Tochter des Mains, Verlag Fränkische Nachrichten, Tauberbischofsheim 1986, S. 74.

Anton Schnack
*21.7.1892 in Rieneck (Unterfranken)
†26.9.1973 in Kahl am Main
Schnacks Lebenselixier ist Schreiben: als Journalist, Theaterkritiker, Redakteur, freier Schriftsteller. Einen Namen macht er sich vor allem mit expressionistischer Lyrik und kleiner Prosa. Immer wieder widmet er sich seiner Heimat Franken. Dabei macht er aufmerksam auf die Wunderwelt des Alltags und auf verborgene Lebenszusammenhänge. Seine Wortkunst macht sie lebendig und liebenswert.

Ein geheimer Zauber überfällt einen an der Tauber.

Reise an der Tauber (1981)

Das ist ein Gewässer! Das ist ohne Grund.
In ihm spiegeln sich die Hügel rund.
Aus dem dunkelgrünen Wasser
lockt der Melusinenmund.

Wenn ich aufwärts reise an der Tauber
Überfällt mich immer ein geheimer Zauber,
Irgendetwas steht mit einer Herrlichkeit im Bund.

Und die Reise duftete nach Obst und Wein,
Abends mußte er mit Lust getrunken sein,
Mittags glühten seine Traubenkugeln
heiß im roten Stein.

Und die Reise ging in viele Türen,
Viele Türen zu beglückter Rast verführen;
Denn in vielen glänzte Heiligenschein. ...

Und die Reise ging durch vielen Wald,
Vieles in den Dörfern war jahrhundertealt,
In der Kirche stand die Holzgestalt.

Und es war die gleiche stille Mutter,
Welche aus der Türe kam, den Arm voll Futter,
Wie sie formte höchste Kunsteinfalt.

Ein Betörendes in manchen Frauen schlief -
Kam es von dem Fluß, der durch die Wiesen lief
Und mit Wassermärchen unter Brücken rief?

Alle scheinen sie geschnitzt von Riemenschneider,
Schneeumschimmert, gütig lächelnd, heiter
Und von Mutterdemut tief.

Hohe Stirnen glänzten unterm Haar,
Rundgewölbte, flächig, holzweiß, klar.
Und die Augen boten fromme Demut dar.

Aber in der Dämmerung,
vom Sonnenmond beschienen,
Wurden sie zu rotgelippten Melusinen.
Und sie küßten feucht und wunderbar.

Die Literatur im 20. Jahrhundert, ausgewählt und eingeleitet von Karl Pörnbacher, Süddeutscher Verlag, München 1981, S. 756.

Das Topplerschlößchen nach dichtem Schneegestöber

Franz Prinz zu Sayn-Wittgenstein
Das Topplerschlößchen - „Vestlein Rosental" (1965)

Dichtes Schneegestöber treibt durch das Taubertal, das man von Rothenburg über die großartige doppelgeschossige Brücke erreicht. Die steil ansteigenden Hänge zu beiden Seiten verschwimmen in grauem Dunst, eilig sprudeln die braunen Wasser der Tauber zwischen Erlen und Weiden durch die schmale Wiesensohle dahin. Im Flockenwirbel taucht eine hohe graue Mauer auf, verschneite Apfelbäume heben ihre Kronen darüber, und gleich darauf sehen wir ein Türmlein, das Topplerschlößchen, auch Kaiserstuhl genannt, weil König Wenzel, der Sohn Kaiser Karl IV., hier gerne zu Gast gewesen ist.

Da steht es in einem mäßig großen Obstgarten, und ein zierliches doppelbogiges Steinbrückchen führt zur Pforte, über der steinerne Wappenschilder in die Mauer eingelassen sind. Auf dem gemauerten fensterlosen Sockel erheben sich zwei etwas vorkragende Fachwerkgeschosse unter spitzem Zeltdach. Ein behaglicher Zug ist um das Ganze her; es ist genau das, was unsere Phantasie sich ausmalt, wenn wir von alten Schlössern sprechen. Zwar ist es kein Schloß, sondern ein kleiner wehrhafter Sitz, charaktervoll und pittoresk inmitten der mauerumhegten Wiese.

Ein alter Mann öffnet die Pforte; ich steige die steile, enge Treppe hinauf und gehe oben durch die winzigen Räume, die mit Ausnahme eines hübschen Renaissanceofens nichts Bemerkenswertes enthalten. Mit schönem alten Hausrat versehen, könnten sie ungemein gemütlich sein. Aus den Fenstern schaut man über den Garten, Wirtschaftsgebäude und Flüßchen hinauf zum Stadtberg, wo sich die Mauern und Türme schattenhaft im Schneetreiben abzeichnen.

1388 hat Heinrich Toppler dieses feste Haus als Sommersitz und Schutz seines Besitzes gebaut, … darum daz die müln in unseren Taubertal bey unser stat nu und in künfftigen ziten daz baz bewacht und beschirmt werde … „Vestlein Rosental" nannte Toppler auch seinen Sitz; sicherlich hat er die Schönheit des Landes geliebt und seine graziöse kleine Schöpfung mit ihr in Verbindung zu bringen gesucht.

Franz Prinz zu Sayn-Wittgenstein, Reichsstädte, Patrizisches Leben von Bern bis Lübeck, Prestel Verlag, München 1965, S. 187 - 188.

Gertrud Schubart
„Der Kaiserstuhl" (2007)

Zwei Herren saßen zu Tisch im turmart'gen Schlösschen im Tal,
Ihr Blick ging hinauf zur Reichsstadt und westlich zum Keltenwall

Kaiser Wenzel und Heinrich Toppler, sie ließen sich munden das Mahl,
Schalmeien und Flöten erklangen, gar oft ward gefüllt der Pokal.

Sie tauften den Durst mit dem Weine, beschworen der Freundschaft Glut
ein jeder mit List und mit Scheine, wie jeder der Mächtigen tut.

Toppler kaufte geschickt viele Rechte zu mehren das Anseh'n der Stadt,
Wenzel füllte fordernd den Beutel, der ihm locker saß - ein Nimmersatt.

Der große Bürgermeister - tatkräftig - mit klugem Sinn -
glaubte des Unsteten Schwüre, an Freiheiten und an Gewinn.

Tatsächlich, in harten Zeiten wuchsen Türme, Tore und Wehr,
die Freunde machten Geschichte, auch eingedenk eigener Ehr.

Der Wein, der im Vestlein getrunken,
den Gastfreundschaft einstens kredenzt,
schmeckte später den Herren gar bitter…
Missgunst schaffte ein vorzeit'ges End.

Gertrud Schubart, Rothenburger Impressionen, Schneider Druck,
Rothenburg 2007, S. 86.

„Etwas stark Mittelalterliches bewahrend“ (Thomas Mann)

Gunter Haug
Mühlen im Taubergrund (2003)

Gut und gerne 20 Mühlen. So viele hat es im Taubergrund unterhalb von Rothenburg einmal gegeben. Mindestens. Sie alle haben sich auf einer Strecke von gerade einmal fünf Kilometern zwischen Gebsattel und Steinbach aneinandergedrängt. Und sie waren überlebenswichtig für die Existenz der bedeutenden Freien Reichsstadt Rothenburg ob der Tauber.
Die zahlreichen Getreidemühlen vor allem, dann die Sägemühlen, Hammerschmieden, Stampfmühlen, Walkmühlen, Schleifmühlen, Ölmühlen, Gipsmühlen, eine Papiermühle, eine Tabakmühle und - natürlich - eine Pulvermühle. Ohne diese Mühlen, deren große Räder von der Wasserkraft der Tauber und ihrer Nebenflüsse getrieben wurden, wären die Einwohner der Stadt auf dem Bergsporn hoch über dem Tal schlichtweg verhungert, hätten die Handwerker wie Schreiner, Zimmerleute, Baumeister, Waffenschmiede, Gerber und all die anderen ihrem Gewerbe nicht nachgehen können, weil sie dafür keine Rohstoffe gehabt hätten.
Hauptschlagader einer mittelalterlichen Stadt. Das waren die Mühlen über Jahrhunderte hinweg und deshalb standen sie auch immer unter ganz besonderem hoheitlichen Schutz. Es ist noch gar nicht so lange her, da war es Fremden beispielsweise verboten eine Waffe zu tragen, wenn sie das Mühlengelände betreten wollten, sogar Flüchtlinge durften sich in Sicherheit vor ihren Verfolgern wähnen, sobald sie die Mühle erreicht hatten. Sie genossen sozusagen Asylrecht. Und wer die Funktion einer Mühle störte - beispielsweise indem er ihr das Wasser abgegraben hatte (ein geflügeltes Wort heutzutage) - der musste mit der Todesstrafe rechnen. Und so waren die Müller selbst natürlich auch mächtige Leute - und meistens reich dazu, denn sie bestimmten eigenhändig, wer zu welchem Preis sein Getreide mahlen lassen konnte und in welche Güteklasse das Produkt einzuordnen war. Klar, dass sie sich viele Feinde gemacht haben und dass sich hinter ihrem Rücken so manche Bauernfaust geballt hat, doch kaum einer hat sich letzten Endes dann getraut, dem Müller offen gegenüberzutreten und Paroli zu bieten. Es war eine stolze Zunft, der die Müller angehört haben und selbstverständlich hat man bei Heiraten streng darauf geachtet, dass der Reichtum der Familie nicht geschmälert, sondern vergrößert worden ist. Zu Dutzenden haben sie früher Groß- und Kleinknechte beschäftigt, Mägde, Müllergesellen und Lehrlinge: für die Mühle, für die angeschlossene Landwirtschaft, für den eigenen Haushalt. Sie waren schon so etwas wie die kleinen Barone an den Ufern der Tauber: stolz, manchmal hochmütig, vermögend und dennoch alles andere als beliebt beim normalen Bauernvolk.

Anita Bone-Czerniejewski und Gunter Haug, Tauberblau, Panorama im Gmeiner Verlag, Meßkirch 2003, S. 35 - 36.

Gunter Haug
Spazierwege durch den Weinberg (2003)

Wunderschöne Spazierwege sind es, die nun durch den Weinberg der Glocke am Rothenburger Südhang führen. Und nicht nur das: auf eigene Kosten und mit eigener Hände Arbeit haben Vater und Sohn Thürauf nicht nur gerodet, Mauern gesetzt und die neuen Reben angepflanzt, sondern sie haben auch einen Weinlehrpfad angelegt, mit erstaunlichen 120 verschiedenen Rebsorten. Darunter viele alte, die fast schon ausgestorben sind. Das sind allerbeste Voraussetzungen für einen genussvollen (und lehrreichen) Spaziergang unterhalb der alten Stadt. Wer sich daneben noch für die Geologie dieses Landstrichs interessiert, kommt ebenfalls zu interessanten Einsichten: einen geologischen Lehrpfad haben die beiden nämlich (mit wissenschaftlicher Unterstützung durch Experten) noch dazu erstellt. Denn Rebe und Boden finden schließlich im Wein ihre vollendete Synthese, was der Genießer im Glas schmeckt.

Anita Bone-Czerniejewski und Gunter Haug, Tauberblau, Mühlen, Menschen, Meisterwerke, Gmeiner-Verlag, Meßkirch 2003, S. 59.

Die Hans-Röder-Mühle im Taubertal

Ein Weinberg unterhalb der Stadt

TOURISMUS

Armin Knab
*19.2.1881 in Neuschleidrach (Unterfranken)
†23.6.1951 in Bad Wörishofen
Der Vater leitet eine Schule und ein Singknaben-Alumnat; der Sohn Armin studiert Jura und Musik. Ab 1911 ist er als Amtsrichter tätig, davon 14 Jahre in Rothenburg. 1934 scheidet er aus dem Justizdienst aus. Die Staatliche Hochschule für Musikerziehung und Kirchenmusik beruft ihn nach Berlin. Knab vertont vor allem Gedichte von Goethe, Hölderlin, Eichendorff und Dehmel. Besonders am Herzen liegt ihm dabei die Verwendung alter Musikinstrumente und alter Volksmusik.

Verpflichtender Wallfahrtsort für Deutsche und Ausländer (1966)

Als vor hundert Jahren Ludwig Richter, von Italien heimwandernd, den Namen der türmereichen altertümlichen Stadt hörte, die auf den Höhen über dem Flüßchen vor ihm auftauchte, fiel ihm nur der „Schatzgräber" des Musäus ein. Schon damals hatte die Stadt langen Schlaf hinter sich, und Richter glaubte sich in das Mittelalter versetzt. Seine Lebenserinnerungen erzählen davon. Gezeichnet hat er nichts. Jahrzehnte später wurde die Stadt von süddeutschen Malern entdeckt. Spitzweg hat Motive malerisch-phantastisch umgedeutet. Ihr Ruhm stieg, heute ist sie jährliches Wanderziel Zehntausender. Romantik, Abbild verklungenen Lebens ist sie den meisten, schiefe Begriffe des „Malerischen" machen sie berühmt. Verpflichtender Wallfahrtsort für Deutsche und Ausländer, sieht sie Gerechte und Ungerechte durch ihre Tore ziehen.

Scharen von Wandervögeln, wetterfarbig bewamst, dumpfes Staunen im Blick, lagern auf den Rathaustreppen, nisten in Türmen, durchschwärmen klampfend die Nachtgassen, Mädchenpensionate nehmen Turm und Tor in ihren Rosenhimmel, Raffkes speisen ausführlich in Dielen und zeigen sich mittags 12 Uhr beim „Meistertrunk", Autos bringen Pelz- und Ledermenschen, Motorräder klettern die steile Schmiedstraße hinauf, Ausländer vergleichen Baedeker und Wirklichkeit, Führer berichten Grausiges, Gesangvereine preisen vom Rathausaltan die ewig liebe Heimat, Liebespaare schauen verklärt von der Burg ins Tal, in den kärglichen Tauberfluten badet Berlin-W als Gast des feudalen Wildbades, vor dem halben Dutzend berühmtester Motive pinseln Scharen von Malern die verschwommene Erinnerung des Spießers unnachahmlich getreu auf die Leinwand, indes Buchillustrationen, Radierungsfolgen, Filme allenthalben die Sehnsucht nach Rothenburg wecken.

Die Kirchen von Dinkelsbühl und Nördlingen sind schöner, aber keine ist so sehr Stadtkrone wie St. Jakob. Gustav Wolf, Julius Baum haben in ihren Büchern „Die schöne deutsche Stadt" erstmals weiten Kreisen den Weg gewiesen, solcher Gesamtkunst ohne Sentimentalität gerecht zu werden.

Es gibt keine bessere Vorbereitung zu sommerlichen Entdeckungsfahrten als das genaue Studium dieser Bücher. Der erregende Genuß steigt auch hier mit dem tieferen Verständnis. Die wesentliche Schönheit Rothenburgs als natürlichen Ausfluß zweckvoller Gestaltung nachzuerleben, bleibt jedem Besucher Rothenburgs vorbehalten. Wie die Gassen steigen und fallen, zu Plätzen sich weiten, die Dominanten der Kirchen und Hauptbauten aufragen, die gotischen Häusergiebel mitwandern, wie der Blick die Gassen entlang auf abschließende Türme prallt, wie Mauern und Häuser dem geschwungenen Talrand schmiegsam folgen und jedes schöne Einzelne durch seinen Sinn fürs Gesamte gesteigert wird, das ist jenseits aller Verfallsromantik das wesentliche Erlebnis in Rothenburg.
Die Bevorzugung Rothenburgs vor allen ähnlichen deutschen Städten ist begreiflich. Es ist Museumsprunkstück getreuer Erhaltung, früher infolge seines Dornröschenschlafs, heute infolge kluger Verkehrspolitik. Nur einige Außensilhouetten, gegen die Ebene zu, haben gelitten. Dorthin kommen doch keine Fremden, hieß es bei der Erbauung eines Schulkolosses. Und doch versteht man Rothenburg nur ganz aus seiner Landschaft heraus, als deren Krone es vom Luginsland aus erscheint. Diese Landschaft, gänzlich unentdeckt, ist rein, unberührt von Industrie und Technik, frei von aufdringlicher Gefälligkeit, eine sanft gewellte Ebene, von herber Luft überströmt, von tiefen Tälern durchschnitten, von einer Bergwand begrenzt.

Armin Knab, Wanderungen und Reisen in Franken, Verlag H. Stürtz, Würzburg 1966, S. 69 - 72.

Vom Burgtorturm in den sommerlichen Burggarten

Karlheinz Deschner
23.5.1924 in Bamberg
Deschner schreibt sich in mehreren Fakultäten ein: Jura, Theologie, Philosophie, Literaturwissenschaft und Geschichte. Sein literarisches Werk umfasst Romane (z.B. „Die Nacht steht um mein Haus") und Streitschriften (z.B. „Kitsch, Konvention und Kunst"). Seit 1957 veröffentlicht er provozierende Geschichtswerke zur Religions- und Kirchenkritik: „Kriminalgeschichte des Christentums".
Für Deschner sind die Städte um den Main geradezu Perlen, doch - mit der Tauberstadt verglichen - „Rothenburgs arme Verwandte am Main".

Das fränkische Mekka der Bildungswallfahrt (1989)

Sie lieben Rothenburg? Das fränkische Mekka der Bildungswallfahrt? Sein smartes Panorama mit Tauber-Doppelbogenbrücke? Die kalte Pracht, Geradläufigkeit, Gleichwüchsigkeit, Schaustellerei – das Reichsstadtdornröschen als Prostituierte?
Dann fahren Sie erst gar nicht zu den kleinen Perlen um den Main – längst nicht so imposant, so makellos. Entfernt verwandt nur, mehr sich gehen lassend, doch echter vielleicht, ursprungsnaher noch. Von Touristenkarawanen, von Geschäftsgier kaum verdorben. Nicht jedes Ziegelchen und Gräschen numeriert und auf Effekte hin gesetzt, wie im deutschen „Pompeji". Nichts opernhaft Herausgeputztes, kein steter Strom der Gaffer. Kein Paradehochglanz, bestimmt für hunderttausend Fotoapparate, den Obolus der Pilger.
Nein, fast allein bummeln Sie oft, und vieles so ungeleckt hier, so wenig pompös, museumsreif. Nur ab und zu Partien wie aus einem Bilderbuch, Idyllen des Spätmittelalters. Und immer wieder schnuppern Sie, weil's herrlich nach Land stinkt, auch Kuhställe gibt, mistaufladende Bauern. Breithingetellert alles, wie vergessen beinah, zwischen Pappeln stehngelassen und Kastanien, in Nebelabendwiesen, Rotüberziegeltes, weiherverschilft, aufgesogen vom Frühsommerlicht, verdampfend fast im Arm eines Weinhangs, am sanft gebognen Flußlauf, Nester im Schwung einer Erdfalte, jäh kirchturmüberspitzt, nußbaumumkuschelt.

Karlheinz Deschner, Dornröschenträume und Stallgeruch, Knesebeck & Schuler, München 1989, S. 41.

Buntes Leben auf dem Marktplatz

Hans Pflug
*14.5.1899 in Fürth
†31.3.1977 in Eckersmühlen (Roth)
Pflug ist anfangs journalistisch tätig: zunächst als Berichterstatter für eine Zeitung, später als Feuilletonredakteur. Da er sich im Dritten Reich nicht vereinnahmen lässt, wird er freier Mitarbeiter für Zeitungen und Zeitschriften. Als freier Schriftsteller veröffentlicht er seinen ersten Roman und immer wieder Gedichtbände. Nach dem 2. Weltkrieg verfasst er Theater- und Kunstkritiken sowie Gerichtsberichte.

Am betörendsten im Frühling (1933)

Zauberhafteste aller Städte Frankens! Du Märchen, das jeder erleben darf, den es danach gelüstet. Du Idyll aus einer Zeit, die alles andere war als ein Idyll. Rothenburg, du Stadt, in der man den Herzschlag der Welt, der weiten romantischen Welt spürt. Rothenburg, du Fleckchen Heimat, das gefeit ist gegen das Modewort Tempo, auch wenn noch so viele und noch so fremdartige Automobile vor seinen Hotels parken. Du alte, liebe schöne Stadt, in der alle Zungen der Erde klingen, in der alle Profile dieses Weltballs aufflackern wie Elmsfeuerscheine auf Kirchturmspitzen fränkischer Dörfer in gefährlich schwülen Sommerabenden. Rothenburg, du lebendiger Zeuge eines Kulturabschnitts, den man heute mit dem verschwommenen Begriff Mittelalter verzeichnet, der aber zwischen den Gegensätzen des wirklich Göttlichen und des blutrünstig Barbarischen hin und her pendelte. Zeuge einer Zeit, die einen Feuergeist wie Toppler, den größten Bürgermeister der Geschichte, gebar und sinnlos und grausam mordete. Du lebendige Stadt ob der Tauber, deren Antlitz heute noch das gleiche ist wie vor Jahrhunderten, ewig jung, ewig stolz und unverschlossen dem Neuen, auch wenn es nicht in den üblichen Formen und Grenzen zu dir sprach. Du Burgstadt, du Stadt des Geyers und seiner Bauernbanden, du Tillystadt, du Stadt über dem Topplerschlößchen. Ich grüße Dich!
Rothenburg ist am betörendsten im Frühling. Wenn an den Hängen seiner Mauern der Goldregen und der Flieder duftet. Wenn in seinen Gassen die ersten fremden Menschen spazieren gehen und seltsam berührt sind von den Schattenrissen der schönen Fachwerkgiebel, der Türme und Kirchen. Wenn diese fremden Menschen der weiten Welt in Rothenburg das deutsche Herz finden, das durch alle Linien und Schwünge und Farben dieser Märchenstadt pulst.
Rothenburg ist die Stadt für die Frauen. Weil man zu ihr mit der Seele und dem Herzen kommen muß. Fremde Frauen, abenteuerliche Frauen, seltene Frauen, von bezaubernder Schönheit und von adeligem Schreiten in

berückenden Gewändern durchwandeln diese Stadt, die sich ihnen offenbart, merkwürdig, wie keine zweite und seltsam wie ein verwegener Traum eines romantischen Hirns.
Ich grüße Rothenburg, die Stadt vergangener und gegenwärtiger Kultur, die Krone Frankens, das Kleinod deutscher Geschichte, die Stadt seltenster Köstlichkeit des Erlebens.

Manfred Balbach, Rothenburg ob der Tauber, Die Stadt in alten Ansichten, Josef Keller Verlag, Starnberg 1989, S. 38 - 39.

Betörend, wenn der Raps blüht

Gottlob Haag
*25.10.1926 in Wildentierbach (Niederstetten)
†17.7.2008 in Niederstetten
Aus ärmlichen Verhältnissen stammend, wird Haag nach dem Volksschulabschluss Schneider; später arbeitet er als Nachtwächter, Gasgeneratorenwärter, Steinbrucharbeiter, Hilfsarbeiter. Nach solch mühevollem Werdegang endlich eine Erleichterung: Haag ist 29 Jahre lang Angestellter in einer Bundeswehrverwaltung.
Ein Gedicht von Georg Trakl fasziniert und inspiriert ihn so sehr, dass er selber beginnt, Gedichte zu schreiben. Die Mundart ist ihm dabei ebenso willkommen wie die Hochsprache. Immer wieder ist zu lesen, wie ihn das heimatliche Hohenlohe und die fränkische Nachbarschaft bewegen, bezaubern.

Das Plönlein: ein beliebtes Motiv

Fränkische Stadt (2005)

Angesiedelt in Bildbänden
und Kinderzeichnungen,
reitet die Stadt ihre Hügel
durch Tage und Nächte.

Das Rathaus,
vom Markt umschrieben,
schiebt seine Stufen
Bürgern und Fremden
unter den Schritt.
Aus den Torbögen
fratzen den Touristen
Neidköpfe ins Objektiv.

Häuser mit Bauchläden
hocken längs den Straßen
und handeln mit Postkarten
und Souvenirs.
Breitbrüstige Bürgerpaläste
protzen mit ihren Fassaden.
Unverhohlen führen die Familien
ihren Dünkel im Wappen.

In Giebelnischen und Kirchen
nistet Madonnenlächeln.
Weihrauchmoder hängt
in den Gewölben.
An den Portalen
ist Geschichte aufgelegt,
für Einsfünfzig zum Mitnehmen.
Tetzel hat hier gepredigt,
und heute heißt er anders.

Die Romantik
ist eine clevere Geschäftsfrau.
Namen wie Tilman Riemenschneider,
Veit Stoß und Balthasar Neumann
bürgen für den Fremdenverkehr.

Manchmal
spielen die Bürger Mittelalter.
Die Schwester ihrer Sprache
ist das Kopfsteinpflaster
in den winkeligen Gassen.
Geschäftstüchtige Bürger
machen die Idylle
zu ihrer Partnerin.

Über den Dächern
schäkern die Dohlen.
Lautlos widerhallt der Fluss
die Sonne und den Himmel
in seinem Fränkischblau
wie ihn einst Grünewald gemalt hat
über seiner Madonna mit dem Kind.

Gottlob Haag, „Zeilen aus Hohenlohe",
Bernhard H. Lott,
Die Tauber von der Quelle bis zur Mündung,
Swiridoff Verlag, Künzelsau 2005, S. 45.

Michael Kamp
Von 1991 bis 1996 studiert Kamp Geschichte und Politikwissenschaften. Sein bevorzugtes Arbeits- und Forschungsfeld wird sodann die Geschichte von Museen und Institutionen des 19. und 20. Jahrhunderts.

Von der Ackerbürgerstadt zum Fremdenverkehrsort im 19. Jahrhundert (1996)

In erster Linie entrüsteten sich die Rothenburger selbst über ihre ungepflegte Heimatstadt, da sie sich nicht vor den fremden Besuchern blamieren wollten. 1872 beanstandete ein Leser in der Tageszeitung die übelriechenden Jauchegruben in der stark von Reisenden frequentierten Klostergasse. Er befürchtete, dass das Ansehen der Tauberstadt unter einem derartigen Schandfleck Schaden erleiden könnte: „Es wäre für die Maler, welche Rothenburg in neuer Zeit mit Vorliebe besuchen, gewiß lohnend, diese Partie honteux (schändlich) in ihre Skizzenbücher aufzunehmen, nur wäre es für unsere Stadt nicht sehr empfehlend, wenn es einem derselben einfallen würde, diese Partie etwa in Form einer Xylographie als ‚Skizze aus Rothenburg' zu verbreiten."

Ein „Althiesiger" forderte 1884 die umgehende Pflasterung der schmutzstarrenden Spitalgasse aus ähnlichen Beweggründen. Flehentlich bat er darum, endlich auf die veränderten Zeitverhältnisse Rücksicht zu nehmen und „dem ländlichen Zustande in der Stadt ein Ende" zu bereiten.
Sogar die Neubaugebiete vor den Toren Rothenburgs scheinen damals nicht weniger unansehnlich gewesen zu sein: „Ein Notschrei aus dem Publikum" informierte kurz vor der Jahrhundertwende die Öffentlichkeit über schier unglaubliche Verhältnisse in der Johannitergasse:

„Geradezu unerhört sind die Straßenzustände des Johannitergäßchens und muß sich jeder anständig gekleidete Mensch wirklich geniren, dasselbe zu betreten, denn der Straßendreck ist hier völlig grundlos und kann man die Straße nur über und über mit Schmutz bespritzt wieder verlassen. … Auch die Beleuchtung der Straße ist so unpraktisch verteilt, daß gerade die gefährlichsten Stellen der Straße gar nicht beleuchtet sind und man bei Nacht jeden Augenblick in ein anderes Sumpfloch geraten muß."

Als ein besonderes Ärgernis empfanden Einheimische wie Fremde auch die unhygienischen Verhältnisse, die auf dem allmonatlichen Viehmarkt in der oberen Herrngasse herrschten. Mitten im an Sehenswürdigkeiten reichen historischen Zentrum handelten von altersher die Bauern der Umgebung mit ihren Rindern. In einer Zeit, als sich die Stadt anschickte, ein Fremdenverkehrsort zu werden, wollte man diese Verhältnisse nicht mehr akzeptieren. Vor allem Besucher aus dem nicht weit entfernten Ansbach mokierten sich wiederholt über diese ländlichen Sitten in der von ihnen ohnehin geringgeschätzten Nachbarstadt. Süffisant schilderte ein „Residenzstädter" seine Impressionen von einer solchen Veranstaltung, die er in Rothenburg im Jahr 1871 erlebte:

„Da drang – wer mag dieß jetzt noch glauben? – dem Fremden, welcher gekommen war, Deine Herrlichkeiten zu schauen und all die Orte, die für ewig der Geschichte angehören, ein Geruch in die Nase, so mephistisch, so pestilentialisch, daß er (und wer mochte es ihm versagen?) nichts Eiligeres zu thun wußte, als den Staub – nein, Staub war es eigentlich nicht! – von seinen Füßen zu schütteln und schleunigst, falls nicht Kothberge seinen geflügelten Schritt hemmten, zu fliehen aus dem Bereiche der höllischen Düfte, aus Deinen Mauern!"

Mit der vermeintlichen Kultivierung Rothenburgs durch die Eisenbahn verwandelte sich die Ackerbürgerstadt allmählich in einem Fremdenverkehrs- und Industriestandort. Damit setzte auch ein rapider Niedergang der ländlich geprägten Märkte und Messen ein. Die Bauern und Viehhändler trafen sich 1899 zum letzten Mal in der Herrngasse zum Viehmarkt. Fortan hielten sie ihn auf dem etwas abseits liegenden Schrannenplatz ab. Das Gebrüll der Tiere, ihr Geruch und die zahlreichen Misthaufen auf den Straßen sollten die Fremden nicht länger von einem Besuch des „malerisch-schönen" Rothenburg abschrecken.

Michael Kamp, Die touristische Entdeckung Rothenburgs ob der Tauber im 19. Jahrhundert, Hrsg. Helmut Döppert, Christa Joist, Michael Kamp, Bernhard Mall, Schneider Druck GmbH, Rothenburg o.d.T. 1996, S. 118 - 121.

Ein wenig versteckt: Der Eingang zum Kaisersaal des Rathauses

Katherine S. Macquoid
*26.1.1824 in London
†24.6.1917 in London
Über 60 Bücher schreibt Macquoid in ihrem langen Leben; darunter sind Romane, Romanzen, Gespenstergeschichten, Kinder- und Reisebücher. Ihren Rothenburg-Besuch beschreibt sie am 12. November 1881 in der englischen Zeitschrift „THE GRAPHIC". Besonders köstlich ist, dass Adam Hörber, der Autor des „Meistertrunks", ihr die Stadt zeigt.

Mit den Augen einer Engländerin gesehen (1881)

Diese Stadt ist die vollkommenste und interessanteste Stadt aus dem Mittelalter, die ich bisher gesehen habe. Dies gilt für ihre Lage, Schönheit und malerischen Bauwerke, noch mehr aber für ihre ungestörte Altertümlichkeit. Noch haben moderne Errungenschaften in Rothenburg nicht Fuß gefaßt, und die 6000 Einwohner sind so stolz auf die Stadt und so zufrieden mit ihr, daß dieser Zustand vermutlich noch lange andauern wird.
Zur Zeit schwingen hier und da Öllampen über den malerischen Gassen. „Bald werden Sie in Rothenburg wohl Gas bekommen", äußerte ich einmal zu unserem Hausherrn. „Oh nein, liebe Frau, wir werden niemals Gas haben", sagte er mit einem ziemlich empörten Gesichtsausdruck. Trotzdem fand man elektrische Glocken in seinem Hotel, und er ist darauf aus, jeden modernen Komfort einzuführen, wohl um den englischen Gästen zu entsprechen. Er hat mehrere Jahre in England gelebt. …
Auf unserem Weg zum Rathaus kamen wir am „Baumeister-Haus" vorbei, mit ganz bemerkenswerter steinerner giebeliger Vorderseite sowie einem noch bemerkenswerteren Innenhof, darüber eine doppelte Reihe verglaster balustradeartiger Galerien mit giebeligen Fenstern obendrauf. Es ist eine der ältesten Innenansichten in Rothenburg. Als wir jedoch den großen Marktplatz erreichten, waren wir überrascht von der Erhabenheit des Rathauses selbst - einem sehr vornehmen Renaissancegebäude des 16. Jahrhunderts mit gotischen Elementen hie und da zugefügt. Genau dahinter befindet sich das alte Rathaus, weit älteren Datums, das 1505 teilweise durch Feuer zerstört worden war. Hierin ist Kaiser Karl V. 11 Tage durch einen Gichtanfall aufgehalten worden und hatte die Huldigung der Rothenburger Bürger entgegengenommen. … Nahe beim Rathaus befindet sich der stattliche St. Georgsbrunnen. …

(Frau Macquoid beschreibt ausführlich eine Aufführung des „Meistertrunks".) Am Ende des Stücks wurde der Autor (Adam Hörber) auf die Bühne gerufen und begeistert beklatscht. Ihm genügt das Lob allein als Belohnung für seine Mühe, obgleich er und sein Freund, ein Kürschner aus der Stadt, sich mehrere Jahre für die Vorbereitung des Spieles eingesetzt haben, das bisher drei- oder viermal in Rothenburg aufgeführt wurde. Die Stadt gab mehr als 1000 Pfund für die Kostüme aus, die in München nach Mustern aus der Zeit hergestellt wurden. Ein paar Tage später wurden wir dem Autor vorgestellt. Wir fanden ihn emsig bei der Arbeit mit seinem Glaserschurz an. Er konnte kein Englisch, aber er schien ein sehr schlichter, interessanter Mann zu sein. Er nahm uns mit, um uns die Kostüme zu zeigen, die im Rathaus verwahrt wurden. Er erzählte uns viel von der Stadt; zeigte uns das „Judentanz-Haus" mit seinem malerischen Erker - jetzt ein Hospital; rechts daneben der „Weiße Thurm", einer der malerischsten Tortürme von Rothenburg. …

Die Rothenburger scheinen ihre Kirchen zu vernachlässigen. St. Jakob ist vornehm, aber uninteressant; alle mit Skulpturen versehenen Grabsteine und Denkmäler sind in eine Kapelle verbannt, die von der Kirche abgeschnitten ist durch bogige Unterführung, welche das Gebäude durchquert. Die wunderschöne „Franzikaner Kirche" zeigt sich in einem traurigen Zustand von Dreck und Unordnung, aber die Denkmäler sind erstaunlich malerisch, besonders das eines Ritters in voller Rüstung und seiner Frau, die einen Rosenkranz in Händen hält. Diese Figuren in Hochrelief, die noch Farbspuren aufweisen, befinden sich an einer Säule im nördlichen Teil des Kirchenschiffes. Da gibt es noch das „Spital", ein sehr interessanter Renaissancebau aus dem 16. Jahrhundert, ein Haus für betagte und kranke Einwohner Rothenburgs.

Zur Zeit kann man billig am Ort leben. Im „Goldenen Hirsch" bezahlt man fünf Mark am Tag, und der Hausherr, ein sehr verbindlicher Mann, ist höchst bemüht, sein Hotel den Bedürfnissen englischer Reisender anzupassen. Am Fuße des steilen Hügels, nahe der Tauber, befindet sich das „Wildbad", ein kleines Hotel und Badehaus. Dort wurden uns zwei Schlafzimmer für neun Mark in der Woche angeboten, und angemessen billig sind die weiteren Kosten.

Die Linde, 73. Jg. Nr. 10, Rothenburg 1991, S. 74 - 80.

Der Kappenzipfel mit der ehemaligen Ross-Mühle

Hisako Kashiwagi
Geboren 1944 in Yokosuka, Japan.
Seit 1969 lebt Hisako Kashiwagi in Deutschland. In Frankfurt ist sie als Rehabilitationshelferin für psychisch Behinderte tätig. Zeitungen und Zeitschriften veröffentlichen ihre Beiträge.

Mit den Augen einer Japanerin gesehen (1978)

So, wie Ludwig Richter vor etwa 150 Jahren das erste Loblied auf die Stadt niederschrieb, stelle ich mir auch meine Begegnung mit ihr vor. Zwar mit einigen Bedenken, es könnte nur eine riesige Touristenansammlung sein. ... „Eingang in das Märchenland", einen so banalen Gedanken erlaube ich mir beim Anblick ihrer hellbraunen Steinmasse, die mit den roten Zipfelmützendächern plötzlich vor mir auftaucht. ...
Nun sitze ich mit einem Stoß Papier auf der Treppe der Rathausarkade unter den internationalen Gesinnungsgenossen. Eine Atmosphäre, die ich in anderen deutschen Städten kaum erlebt habe, herrscht hier. Eine bunte Ansammlung von „fahrenden Leuten" ruht sich hier aus; sitzend, stehend, schwatzend, singend und kauend. Verschiedene Hautfarben und Sprachen machen das Bild und die Stimmung bunt. Gelächter aus einer kleinen Gruppe von Hausfrauen. Umringt von ihnen genießt der Stadtführer wieder einmal das Erfolgserlebnis an seinem abgenutzten, netten Witz. Die Mittagssonne prallt auf die bunten Bilder der Prospekte. ...
In einem Schaufenster voller Radierungen und Zeichnungen sehe ich ein kleines Fähnchen mit „unserer" aufgehenden Sonne. „Nanu...?" Überrascht lese ich japanisch „Herzlich willkommen in Rothenburg. Hier wird auch in japanischer Sprache bedient." ... Japaner überall! Auf der Straße begegne ich alle paar Minuten meinen Landsleuten, oft schwer mit dicken Kameras behangen, - nicht selten mit Leica und Rollei, während die Deutschen Nikon oder Canon als Markenzeichen vor dem Bauch tragen. Ich lausche beim Vorübergehen, worüber sie sich unterhalten. Die Männer reden über ihre Geschäfte, die Mädchen begeistern sich über das Nippes im Schaufenster. Oder sie sind eifrig dabei, einen fotogenen Platz für das „Sich-fotografieren-lassen" zu suchen. Ein Knips, dann eilen sie zum nächsten Knips. ... Kommentar einer älteren Frau im Kimono über das alte Schmiedehaus an der Stadtmauer: „So was Ähnliches habe ich in einem Westernfilm gesehen." ....
Einige junge Japaner, anscheinend Studenten, in verwaschenen Jeans und Bermudas (endlich Japaner ohne dunkle Anzüge!) breiten ihr Mittagessen aus, inmitten all der vielen Autos auf dem Parkplatz. Großes Vergnügen an deutschen Brötchen, deutscher Wurst und Cola. ...
Vielleicht ist dies das Angenehm-Erholsame in Rothenburg. Man fühlt sich nicht so „verpflichtet", mit dem Prospekt in der Hand von einer Sehenswürdigkeit zur anderen zu rennen. Kaum jemand bleibt stehen, um einen Brunnen, eine schöne Fassade oder schmiedeeiserne Schilder genauer zu betrachten und zu bewundern (wenn nicht, um sie zu fotografieren).
Also kann man sich in den Gassen die Füße wund laufen und sich die Augen ausgucken. Zum abertausendsten Mal stellen sich Rathaus und Jakobskirche vor uns zur Schau und empfangen gelassen unsere „Ahs" und „Ohs". Wir, die wir uns hin und wieder nach der Vergangenheit sehnen, möchten die Hinterlassenschaft aus dem „finsteren" Mittelalter als Fröhlich-Romantisches erleben. ...
Die Stimmung, in einer alten Stadt zu sein, ist unsere Hauptangelegenheit. Und auf diese Sehnsucht nach Vergangenheit scheint die ganze Stadt ausgerichtet zu sein.
Was man hier nicht sieht, ist der Alltag: das normale Leben der Bürger ist hinter den historischen Kulissen verborgen. So vollkommen, daß man doch irgendwie etwas vermißt. Auf der Reise möchte man sich von seinem eigenen Alltag entfernen, aber nicht unbedingt in ein Disneyland reisen. Einmal, als ich zufällig nach oben blickte, sah ich eine alte Frau am Fenster mit einem kleinen Kissen unter den verschränkten Armen. Sie betrachtete uns Touristen. Mit ihrem altmodisch-schönem Gesicht paßte sie zu gut zum ganzen Bild um sie herum, als daß es mir gelungen wäre, ihren Alltag dahinter zu sehen. ...
Das Finale: Schäfertanz auf dem Marktplatz. Bunt und verschwitzt hüpfen die Schäfer und die Schäferinnen für eine halbe Stunde. Und wir klatschen nach dem Takt in die Hände, begeistert und ermunternd. Irgendwie rührend ist es.

MERIAN Rothenburg und das Taubertal, Hoffmann und Campe Verlag, Hamburg 1978, S. 14 - 19.

Alter Keller abseits vom Touristenstrom

EPILOG

Ein Erlebnis des Auges, des Herzens, der Seele

Als Literaten und Maler durch Rothenburg spazierten, haben sie Vielfältiges entdeckt: eine bewegte und bewegende Geschichte; eine Geschichte der Menschen, der Bau- und Kunstwerke. Gar manche hat das tief berührt. Für sie war es ein Erlebnis des Auges, aber auch des Herzens, sogar der Seele. Auge, Herz, Seele: Es ist wie stets bei unseren Organen, eines dient immer auch den anderen. Was das Auge beglückt wahrnimmt, dringt ins Herz, berührt die Seele. Um nur je ein Beispiel zu nennen: So beschwört Paul Bonatz „eine unerschöpfliche Fülle von Schönheit und Anregung". „Was muss Rothenburg sein", staunt Armin Knab, „dass es so entzückt"?! Und Erich Maria Remarque findet hier „eine zweite Heimat für eine verstörte Seele".

Gleich dreizehn Mal taucht bei den Autoren das Wort „Zauber" auf, abgewandelt gleichfalls in „verzaubern, bezaubern, zauberhaft". Die so schreiben, haben etwas Besonderes erlebt: eine geradezu magische Ausstrahlung, einen „unendlichen Reiz" (Theodor Heuss). Um Ähnliches zu erfahren, muss man weder Literat noch Maler noch Fotograf sein. Es bedarf nur eines offenen Auges, eines offenen Herzens, einer offenen Seele.

Pax Intrantibus - Salus Exeuntibus

Ob die Leserin, ob der Leser beim Spaziergang in der Stadt auch die Spitalbastei betrachtet hat? Die liegt im Süden Rothenburgs. Wirklich, eine imponierende Befestigungsanlage. In der Form ähnelt sie einer mächtigen Acht. Im äußeren Ring konnte damals der Angreifer noch bekämpft werden, nur noch abgewehrt wurde er im inneren Ring. Ans Außentor schmiegt sich ein Torhäuschen; dem wiederum ist ein Torbogen vorgelagert. Am Schlussstein der Bogenspannung - zum Wildbad hin - prangt ein Spruchband: „Bavmeister H L M M". Unmittelbar darunter steht die Jahreszahl 1587. Damit wird auf den Baumeister Magister Bernhard Mader verwiesen. Dieser hat unter dem Renaissance-Baumeister Leonhard Weidmann die Bastei errichtet. Unter dem Spruchband sind diese Worte eingemeißelt:

„Friede denen, die eintreten; Heil denen, die hinausgehen." Mit diesem Wunsch werden seit 1587 Rothenburgs Besucherinnen und Besucher empfangen und verabschiedet. Jetzt auch die Leser und Betrachter. Friede geht auf das germanische „fri" zurück und bedeutet „lieben". Und ist es nicht eine bezaubernde Liebeserklärung, was Literaten, Maler und Fotografen vorlegen? Das lateinische „salus" bedeutet u.a.: „Wohlbefinden, Gesundheit, Glück, Heil, Heilmittel". So zielt salus auf das, was dem Leib und der Seele gut tut. Es ist zu wünschen, dass die Worte wie die Bilder erfreuen, ja, dass sie richtig gut tun.

Die Spitalbastei: Eine mächtige Hinterlassenschaft aus der Renaissance

Verlag und Herausgeber bedanken sich für die finanzielle Unterstützung,
die es möglich machte, dieses Buch zum Preis von 15 Euro anbieten zu können.

STADTWERKE
ROTHENBURG O.D.T. GMBH
STROM - PAUSENLOS FÜR SIE AUF DEM WEG ...
WASSER - EIN KOSTBARES GUT ...
BÄDER - DER SPASS FÜR DIE GANZE FAMILIE ...
ERDGAS TANKSTELLE - STARTEN SIE DURCH ...
ERDGAS - WIR GEBEN GAS ...
STADTWERKE ROTHENBURG O.D.T. GMBH
Telefon 09861-9477-0

Electrolux
ELECTROLUX ROTHENBURG
Electrolux Rothenburg GmbH
Factory and Development
Bodelschwinghstraße 1
D-91541 Rothenburg
www.aeg-electrolux.de
www.electrolux.de

Käthe Wohlfahrt®
Das besondere Einkaufserlebnis
in Rothenburg ob der Tauber
ganzjährig geöffnet
open year-round
Käthe Wohlfahrt
• Ganzjährige Geschenkideen aus der eigenen Künstlerwerkstatt
• Riesige Auswahl an traditionellen Weihnachtsdekorationen
Besuchen Sie auch das "Deutsche Weihnachtsmuseum"
in der 1. Etage mit seiner Ausstellung
"Historischer Weihnachtsschmuck"!
Käthe Wohlfahrt GmbH & Co. OHG · Herrngasse 1 · 91541 Rothenburg o. d. T.
Telefon: 09861 - 4090 · www.wohlfahrt.com · E-Mail: info@wohlfahrt.com

ebalta
Lösung zur Form
ebalta Kunststoff GmbH
Erlbacher Straße 100
91541 Rothenburg ob der Tauber
Germany
Tel.: +49 9861 7007-0
Fax.: +49 9861 7007-77
info@ebalta.de
www.ebalta.de

BAUER-VERLAG: Auszüge aus dem Programm

Evangelische-Lutherische Kirchengemeinde St. Jakob Wo gehts hier zum Romy-Schneider Altar?

In diesem Buch sammelt sich die Ernte eines jahrelangen aufmerksamen Lauschens auf die Erlebnis- und Gedankenwelt von Besucherinnen und Besuchern der St.-Jakobs-Kirche in Rothenburg ob der Tauber. Die gotische dreischiffige Kirche ist berühmt für ihren Heilig-Blut-Altar von Tilman Riemenschneider, für den Zwölf-Boten-Altar von Friedrich Herlin und für die mittelalterlichen Glasfenster im Ostchor.

Tausende von Touristen, Urlaubern und Jakobspilgern lassen sich in die ehrwürdige alte Kirche locken. Sie bringen ihre Erlebnisse und Schicksale, ihre Hoffnungen und Zweifel mit. Grund genug, auf die Gedanken der Gäste zu hören. So erfährt man plötzlich ganz Neues über die Kunstwerke.

Hier werden Anekdoten erzählt, die sich durch die Kirchenbesucherinnen und -besucher selbst ereignet haben. Doch auch die Rothenburger mögen sich dadurch angeregt fühlen, noch ein zweites Mal hinzusehen und nicht zu meinen, man kenne alle Bilder der Kirche schon.

Herausgeber: Ev.-Lutherische Kirchengemeinde St.Jakob
Texte: Helmut Ballis
Fotos: Willi Pfitzinger

ISBN 978-3-941013-78-0, **6,00 €**

Jesus ein Freund des Lebens

Diether Kunerth ist bekannt durch Ausstellungen in Budapest, Miami, Lausanne, Tokio, München und Berlin.
In seinem neuen Buch Jesus – Ein Freund des Lebens führt er den Leser gemeinsam mit dem Rothenburger Pfarrer Helmut Ballis auf eine Reise durch das Leben Jesu.

Jeder der beiden Buchautoren spürt ihm dabei auf seine eigene Weise nach: Der Künstler mit großformatigen, farbintensiven Bildern, der Theologe mit einfühlsamen, nachdenklich machenden Worten. Diether Kunerth und Helmut Ballis machen in ihren Bildern und Texten, die sie in diesem Buch versammelt haben, deutlich, dass Gott uns ohne Vorbedingung die Liebe schenkt und dass Jesus unser Leben in all seinen Höhen und Tiefen teilt.

Diether Kunerth verleiht den meditativen Texten von Helmut Ballis durch seine Jesusimpressionen eine ganz eigene Ästhetik. Wenn die großformatigen, farbintensiven Bilder auf einfühlsame und nachdenklich machende Texte treffen, wird der Leser wird auf eine religiöse Reise mitgenommen. Sie beginnt bei der Geburt Jesu im Stall und findet ihr Ende, wenn der auferstandene Jesus seinen Jüngern erscheint. Es entstand ein mehrschichtiges Werk, das zugleich Bildband und Buch ist, das sich zur Meditation alleine oder in Gruppen bestens einsetzen lässt. Die Texte laden dazu ein, sich mit Sinnfragen des Lebens auseinanderzusetzen und in Zeiten der Hektik Ruhe zu finden. Kunerth ist ein Meisterschüler von Professor Heinrich Kirchner.

ISBN 978-3-941013-85-8, **14,00 €**